四川外国语大学学术专著后期资助项目重点项目（SISU201659）

高管特征与旅游行业多元化经营——国际经验借鉴与中国例证

林　川　朱慧敏　著

中国财富出版社

图书在版编目（CIP）数据

高管特征与旅游行业多元化经营：国际经验借鉴与中国例证／林川，朱慧敏著．—北京：中国财富出版社，2017.6

ISBN 978－7－5047－6512－3

Ⅰ.①高…　Ⅱ.①林…　②朱…　Ⅲ.①旅游业—经营管理—研究

Ⅳ.①F590.6

中国版本图书馆 CIP 数据核字（2017）第 140672 号

策划编辑　葛晓雯　　**责任编辑**　邢有涛　黄正丽

责任印制　石　雷　　**责任校对**　杨小静　　**责任发行**　敬　东

出版发行　中国财富出版社

社　　址　北京市丰台区南四环西路 188 号 5 区 20 楼　**邮政编码**　100070

电　　话　010－52227588 转 2048/2028（发行部）010－52227588 转 307（总编室）

010－68589540（读者服务部）　010－52227588 转 305（质检部）

网　　址　http：//www.cfpress.com.cn

经　　销　新华书店

印　　刷　北京九州迅驰传媒文化有限公司

书　　号　ISBN 978－7－5047－6512－3/F·2774

开　　本　710mm×1000mm　1/16　　**版　　次**　2018 年 3 月第 1 版

印　　张　11.5　　**印　　次**　2018 年 3 月第 1 次印刷

字　　数　165 千字　　**定　　价**　48.00 元

版权所有·侵权必究·印装差错·负责调换

前　言

企业为什么要选择“多元化”？从资源基础理论的视角来看，多元化经营是因为企业具有丰富的资源，具有进行多种经营的能力，并且能够实现这些资源在企业内部间的自动转移；从内外部刺激理论的视角来看，多元化经营的内部刺激源于提升企业绩效的需要以及多种经营降低企业风险的动力，而外部刺激则源于政策和市场的失灵；从委托代理理论的视角来看，多元化经营是企业管理层为降低股东监管，降低其职业风险，而提升自身的名望，获得显性成果的一种方式。从这些理论的解释来看，多数理论是基于企业自身或是企业存在的市场状况进行分析的，而委托代理理论则是基于企业管理层的状况进行相应分析，认为管理层在多元化经营的决策中会起到决定性作用，管理层为企业选择多元化或是专业化的经验模式，也许会是希望给予企业更多的发展机会，也许会是希望企业能够表现给外界一个好的经营状况，也许会是为了降低大股东对其的监管。从行为金融学的视角来看，一个企业管理层的特征（这些特征是指管理层的私人特征，如性别特征、学历特征、背景特征等）会对企业的经营发展产生明显的影响，会直接导致企业在经营过程中接受到不同的命令决策，从而得到不同效果，因此，不同的管理层就会制定出不同的多元化策略。

在中国证券市场中，旅游行业是一个重要的行业组成部分，在2001年证监会的《上市公司行业分类指引》中，旅游行业企业涉及的企业被分类在社会服务业下面的餐饮业、旅馆业及旅游业等几个分类之中。那么，当前资本市场中的旅游企业，面临着非常强的旅游行业的竞争力度以及近年来资本市场波动幅度较大的状况，如何做出多元化或是专业化的选择？旅游行业企业高管特征状况又会对多元化策略产生什么样的影响呢？这就是本书研究的问题。

本书基于行为金融学与传统金融学的理论观点，利用中国资本市场旅游行业上市公司的样本，从上市公司高管特征的视角，在对相关文献进行回顾以及对国际上旅游行业发展较好的国家或地区进行经验借鉴的基础上，研究了高管政治特征、性别特征、专业特征、兼任特征对中国旅游行业上市公司多元化经营产生的影响，并在此基础上提出了适合中国旅游行业上市公司多元化发展的对策建议。本书共分为10章，各章主要内容如下。

第1章：绪论。作为本书开篇，首先提出本书研究背景与相应的研究意义，其次对本书的研究目的与研究内容进行阐述，再次对本书的研究思路与研究方法进行分析，随后提出本书研究的创新之处，最后对本书涉及的相应名称进行界定。

第2章：文献回顾。作为本书研究的理论基础，本章主要对多元化经营动机的文献、多元化经营与企业绩效关系的文献、多元化经营与企业风险关系的文献、公司治理与多元化经营关系的文献、高管特征与多元化经营关系的文献以及中国旅游行业上市公司文献进行相应的回顾。

第3章：旅游行业发展的国际经验借鉴。本章通过对美国、德国、法国、瑞士、意大利、日本、泰国、新加坡、中国香港、中国澳门、中国台湾等国家或地区旅游行业以及旅游企业的发展历程、获得的成效进行分析，得到值得中国旅游行业以及旅游行业企业发展的经验，包括应加强政府的政策引导与投入力度、应建立各旅游行业的协会、应重视旅游环境的保护、应塑造良好的旅游目的地形象等。

第4章：中国旅游行业多元化经营现状与原因。本章首先对衡量上市公司多元化的方法进行确定，选择赫芬达尔指数和熵指数衡量中国旅游行

业上市公司的多元化经营程度；其次对2007—2014年中国旅游行业上市公司的多元化经营行业与多元化经营程度进行相应的统计分析，发现中国旅游行业上市公司倾向于多元化经营的模式，较多旅游行业上市公司都经营了两个及两个以上行业，而且更多的是相关多元化的经营模式，但中国旅游行业上市公司的整体多元化程度并不高；再次对中国旅游行业上市公司多元化经营对经营绩效产生的影响进行相应的实证检验，发现中国旅游行业上市公司表现出“多元化折价”的现象，即中国旅游行业上市公司的多元化经营并没有带来业绩的增长，多元化程度越高，中国旅游行业上市公司的业绩水平反而更低；最后对中国旅游行业上市公司多元化经营对公司财务风险产生的影响进行相应的实证检验，发现中国旅游行业上市公司的多元化经营能够降低财务风险，即多元化经营程度越高，相应的财务风险程度反而越低。

第5章：高管政治特征与多元化经营。本章从高管特征中的政治特征视角，讨论了公司高管为了获得政治资源，从而通过自身政治身份为企业获取相应资源而对多元化经营行为所产生的影响。本章以2007—2014年205个中国旅游行业上市公司为样本，实证检验了政治管理对中国旅游行业上市公司产生的作用，并考虑真实盈余管理产生的中介作用。研究发现，政治关联与旅游行业上市公司多元化程度间存在显著的正相关关系，即相较之无政治关联的旅游行业上市公司，有政治关联的旅游行业上市公司的多元化程度更高；而真实盈余管理与旅游行业上市公司多元化程度间存在显著的负相关关系，即真实盈余管理程度越高，多元化程度越低；考虑真实盈余管理的中介作用后发现，政治关联对多元化的影响被制约了，而且进一步研究也发现，在不同政治关联程度的旅游行业上市公司中，真实盈余管理对多元化的影响程度也存在差异。

第6章：高管性别特征与多元化经营。本章从高管特征中的性别特征，讨论不同性别的高管由于自身性格、脾气以及对待问题态度的差异，从而对多元化决策产生的相应差异。本章利用2007—2014年111个中国旅游行业上市公司样本，实证检验了不同性别高管对多元化经营程度所产生的影响以及不同高管性别组合对多元化经营程度所产生的影响。研究发现，一方面，女性高管比例与旅游行业上市公司多元化程度存在显著的负相关关系，公司的女性高管比例越高，企业多元化程度越低；另一方面，相较于总经理与董事长性别的差异，总经理与董事长性别相同的中国旅游行业上市公司的多元化程度更高。

第7章：高管专业特征与多元化经营。本章基于高管特征中的专业背景特征，讨论高管的行业经历以及教育经历对高管个人决策行为所产生的相应影响。本章分别构建了2007—2014年由71个和141个中国旅游行业上市公司组成的样本，实证检验了高管教育背景与行业背景对中国旅游行业上市公司多元化经营所产生的影响，并考虑了独立董事制度所产生的中介作用。研究发现，首先，教育背景，即文化程度，与旅游行业上市公司多元化程度间存在显著的正相关关系，即高管文化程度高的旅游行业上市公司的多元化程度更高；其次，行业背景与旅游行业上市公司多元化程度间存在显著的负相关关系，即高管无旅游行业相关职业经历，则多元化程度会更高；最后，在独立董事对旅游行业上市公司多元化程度的中介影响中，我们发现独立董事比例越高，则高管更倾向于实施多元化策略，因此，公司的多元化程度越高。

第8章：高管兼任特征与多元化经营。本章基于高管特征中的兼任特征，讨论上市公司高管与董事长是否为同一人时，对多元化经营行为所产生的影响。本章利用2007—2014年205个中国旅游行业上市公司数据，实证检验了高管兼任特征对中国旅游行业上市公司多元化产生的影响，并考虑股权属性所产生的中介作用。研究发现，相较之两职合一的旅游行业上市公司，两职分离的旅游行业上市公司的多元化程度更高，进一步发现与非国有控股企业相比，国有控股的企业多元化程度会更高，而且考虑股权属性的中介作用后发现，高管兼任对多元化的影响被制约了。

第9章：中国旅游行业多元化发展的对策建议。本章针对中国旅游行业上市公司多元化的经营行为，认为中国旅游行业上市公司在多元化经营之前，应明确多样经营的行业与对象，即应该树立正确的多元化经营观念，应该选择合理的多元化经营对象；而在多元化经营的过程中，应加强对多元化经营的管理，即应该合理分配企业的已有资源，应切忌多元化经营过程中的盲目扩大，应加强多元化经营的财务管理。

第10章：研究结论与展望。作为本书的结尾，本章提出本书研究的主要结论，并提出本书研究问题的相应展望。

本书的研究工作得到四川外国语大学学术专著后期资助项目重点项目、四川外国语大学国别经济与国际商务研究中心重点学科研究项目的资助，此外本书在材料收集过程中，得到四川外国语大学国际商学院本科生李雪君、曹莉捐、郭玲、郭荣峰、杨香的帮助，在此一并表示衷心的感谢。

由于时间仓促及作者水平有限，本书错误之处在所难免，敬请读者批评指正。

作 者

2017年4月

目　　录

1 绪 论

1.1 研究背景与研究意义

1.1.1 研究背景

21世纪初，旅游行业被称为“永远的朝阳行业”。这是因为旅游行业具有投资少、回报高、资源垄断性强、劳动力密集、关联性强、无污染等特点，这些特点使得旅游行业企业成为成本相对较低、利润相对较高的一类具有良好发展基础的企业。尤其是随着我国经济的进一步发展，人均GDP（国内生产总值）水平的逐步提高，普通居民可以有更多的闲余资金用于休闲旅游，人们希望能够利用空闲时间去享受不一样的生活，领略不一样的风光，品尝不一样的美食，正所谓“世界这么大，我想去看看”。然而，近年来旅游行业也出现了一些新的状况，一方面，旅游行业企业的数量逐渐增加，尤其是一些规模较小的旅游企业的增加，使得旅游行业的竞争日益加剧，但不同企业所提供的旅游产品的参差不齐，也使得人们对旅游行业企业的认识及看法产生了很大的差异，很多人随着对部分旅游企业不满的增加产生了对旅游企业的不信任；另一方面，随着近年来科技的发展，尤其是互联网与手机网络的发展，很多年轻人在外出旅游的时候，不再依赖于传统的旅游形式，各种手机APP（Application，手机软件）的功能已经替代了传统的导游功能，使得这些传统的旅游企业在日常经营的过程中受到了非常大的冲击。于是，新的经营模式、新的经营手段、新的旅游形式就成为吸引旅游者、产生新经济增长点的方式。因此，多元化的经营模式就成为当前旅游企业可持续发展必不可少的方式。

多元化经营（Diversification）指的是企业不只局限于经营一种产品或一个行业，而实现跨产品、跨行业经营扩展的一种模式，在这种新的经营方式下，企业可以获得进一步的成长，能够将企业的自身能力与市场机遇融合在一起形成新的经济增长点。所以，多元化战略是企业在现有经营状态下增加具有市场或行业差异性的产品或产业的一种经营战略和成长方式，是企业成长到一定阶段的必然产物。然而，多元化战略也并非意味着带给企业的全都是好处。通常，多元化会成为一种经营的成本，当企业不得不涉足多个经营行业时，就必然需要更多的资金，一旦某一个行业需要的资金或是现金流过多的时候，其他行业或是其他经营产品中的现金使用程度必然就会受损，从而也就会对企业的经营效益产生负面影响。从已有的经验证据来看，多元化对企业经营绩效产生的影响也是双向的，例如，Lang 和 Stulz（1994）、Comment 和 Jarrell（1995）及 Berger 和 Ofek（1995）等均发现多元化的经营对企业产生了负面的影响，Berger 和 Ofek（1995）甚至直接测算出多元化给企业带来的评价价值损失为 13% ~15%，姚俊等（2004）、张冀等（2005）同样发现在中国企业中，多元化也并未产生良性的效果，多元化经营会降低企业经营绩效甚至无助于减少企业风险；而 Khanna 和 Palepu（1997）等却发现在不同时期或不同的资本市场中，多元化经营是可以产生良好效果的，苏冬蔚（2005）也发现，多元化企业具有较大的市场账面价值比、托宾 Q 值及超额价值，从而表现出良性的多元化溢价现象。可见，多元化对企业而言是一把双刃剑，既可能给企业带来更多的发展机会，也可能成为企业经营中的一种负担。

那么，企业到底为什么要选择“多元化”？从资源基础理论（Resource - based Theory）的视角来看，多元化经营是因为企业具有丰富的资源，具有

进行多种经营的能力，能够实现这些资源在企业内部间的自动转移（Matsusaka，2001）；从内外部刺激理论（Internal and External Stimulation Theory）的视角来看，多元化经营的内部刺激源于提升企业绩效的需要以及多种经营降低企业风险的动力，而外部刺激则源于政策和市场的失灵（Chatterjee 和 Wernerfelt，1991）；从委托代理理论（Principal - agent Theory）的视角来看，多元化经营是企业管理层为降低股东监管、降低其职业风险，而提升自身名望、获得显性成果的一种方式（Jensen，1986；Shleifer 和 Vishny，1990）；从市场势力理论（Market Power Theory）的视角来看，多元化企业比专业化企业更加有效，能够起到反竞争作用（高英、袁少锋，2007）。从这些理论的解释来看，更多的理论是基于企业自身或是企业存在的市场状况进行分析的，而委托代理理论则是基于企业管理层的状况进行相应分析，认为管理层在多元化经营的决策中会起到决定性作用，管理层为企业选择的多元化或是专业化的经验模式，也许是希望给予企业更多的发展机会，也许是希望企业能够表现给外界一个好的经验状况，也许是为了降低大股东对其的监管。从行为金融学的视角来看，一个企业管理层的特征（这些特征是指管理层的私人特征，如性别特征、学历特征、背景特征等）会对企业的经营发展产生明显的影响，这会直接导致企业在经营过程中接受到不同的命令决策，从而得到的效果也不同。相应地，不同的管理层也会做出不同的多元化经营策略，例如，鲁倩和贾良定（2009）发现高管团队人口统计学背景影响企业的战略选择；贺远琼和杨文（2010）发现高管团队的不同特征对企业多元化战略具有不同的相关关系，诸如高管团队规模与企业多元化战略有显著的正相关关系，团队平均年龄、教育背景异质性等人口统计学特征与企业多元化战略之间存在显著的负相关关系；而陈仕华（2012）发现，高管的行业内联结对多元化战略有显著的负向影响，但行业外联结却对多元化战略有显著的正向影响。

在中国证券市场中，旅游行业同样是一个重要的行业组织部分，在

2001 年证监会的《上市公司行业分类指引》中，旅游行业企业涉及的企业被分在社会服务业下面的餐饮业、旅馆业及旅游业等几个分类中，虽然证监会在 2012 年重新对行业分类进行了相应的修订，取消了直接对旅游业的行业分类，但住宿和餐饮业（H）、商务服务业（L72）及公共设施管理业（N78）等多个行业中同样含有旅游行业企业。那么，资本市场中的旅游企业，面临当前旅游行业竞争力度非常强的情况以及近年来资本市场波动幅度较大的状况，如何做出多元化或是专业化的选择？旅游行业企业高管的特征状况会对多元化策略产生什么样的影响？这就是本文希望解决的问题。

1.1.2 研究意义

1. 理论意义

一方面，本书的研究样本为旅游行业上市公司，对旅游行业企业的经营特征中的多元化问题进行相应的研究，这是对旅游行业企业相关文献的有益补充；另一方面，本书对上市公司多元化问题的研究，是基于行为金融学视角进行的，考虑到公司高管层面特征产生的相应影响，即从“人”的因素出发，研究上市公司选择多元化经营策略或是专业化经营策略的背景与原因，这也极大地丰富了行为金融学方面的相关文献。

2. 实践意义

一方面，本书对旅游行业上市公司多元化经营问题的研究，有利于指导旅游行业企业在面临多元化选择时，做出正确的判断，以使其能更好地根据自身情况，选择多元化经营的策略或是专业化经济的策略，从而使得经营选择更加适合自身企业的发展；另一方面，本书提供的关于旅游行业上市公司的经验证据，也更加有利于投资者对中国旅游行业上市公司的真实价值有更清晰的认识，从而可以更加清楚地对投资于中国旅游行业上市公司做出相应的判断。

1.2 研究目的与研究内容

1.2.1 研究目的

一方面，本书的研究从行为金融学的视角，讨论企业管理层“人”的因素对企业多元化经营策略的影响，希望通过相应的研究解决一个问题，即管理层的特征对企业多元化策略到底产生了什么样的影响，具有什么特征的企业管理层更加倾向于选择多元化策略，并通过对这一问题的研究了解在行为金融学层面，企业选择多元化策略或是专业化策略的真实原因；另一方面，本书的研究基于中国旅游行业上市公司的数据，希望通过相应的研究解决一个问题，即在旅游行业上市公司中，多元化策略受到高管特征的影响，也就是在提供旅游行业上市公司经验证据的同时，能够为旅游行业企业的经验以及投资于旅游行业上市公司的投资者提供有益的建议。

1.2.2 研究内容

本书基于行为金融学的理论与方法，利用中国旅游行业上市公司的数据，选择旅游行业上市公司高管特征与多元化经营策略作为两个最基本的研究对象，讨论这两者之间存在的关系。同时，考虑到在高管特征对多元化经营策略产生影响中的中介作用，从公司财务理论与公司治理理论相融合的层面，深入探讨旅游行业上市公司多元化的具体问题。

全文共分为 10 章，具体各章节的主要内容如下：

第 1 章，绪论。本章为本文的开篇，主要介绍本文的研究背景与研究意义、研究目的与主要内容、研究思路与主要研究方法、研究创新之处以及相应的主要概念的界定。

第 2 章，文献回顾。本章首先介绍与上市公司多元化相关的理论，如资源基础理论、内外部刺激理论、委托代理理论、市场势力理论及行为金融理论等，从理论的视角分析上市公司为何进行多元化；同时，对本文涉及的相应文献进行回顾与分析，主要包括多元化经营与公司绩效的关系、多元化经营与公司风险的关系、公司治理与多元化经营的关系、高管特征与多元化经营的关系以及关于中国旅游行业上市公司的相应文献。

第 3 章，旅游行业发展的国际经验借鉴。本章将针对世界范围内一些旅游行业发展较好的国家或地区，对其旅游行业发展的现状及经验进行相应的分析，并提出适合中国旅游行业发展的可借鉴经验。

第 4 章，中国旅游行业多元化经营的现状与原因分析。本章首先确定对多元化指标的选择，其次根据相应指标测度中国旅游行业上市公司的多元化程度，并进行相应的统计分析；再次分析多元化策略是否提升了中国旅游行业上市公司的经营绩效以及是否相应地降低了公司的经营风险。

第 5 章，高管政治特征与多元化策略。本章主要基于旅游行业上市公司高管的政治背景，研究政治关联对多元化策略的影响，同时本章将研究真实盈余管理活动的中介影响，讨论在真实盈余管理影响下，政治关联对多元化策略产生的影响。

第 6 章，高管性别特征与多元化策略。本章主要基于旅游行业上市公司高管的性别特征，即男性高管与女性高管以及不同性别高管的比例，分析其对多元化策略的影响。

第 7 章，高管专业特征与多元化策略。本章主要分析旅游行业上市公司的专业特征，即高管的学历背景以及高管是否有过旅游行业的相关职业经历对多元化策略的影响，同时本章将研究独立董事的中介影响，讨论在独立董事的专业背景影响下，尤其是独立董事专业背景与高管专业背景相同或是不同时，高管专业背景对多元化策略产生的影响。

第 8 章，高管兼任特征与多元化策略。本章主要分析旅游行业上市公司司高管的兼任特征，即总经理与董事长兼任情况对多元化策略的影响，同时本章将研究大股东的中介影响，讨论在大股东股权关系影响下，高管兼任特征对多元化策略产生的影响。

第9章，政策建议。本章将根据前文的经验证据，针对旅游行业上市公司的多元化经营问题提出相应的对策建议。

第10章，研究结论及展望。本章将总结前述各章的研究结论，提出本文的研究局限性，并针对进一步的后续研究提出相应的设想。

1.3 研究思路与研究方法

1.3.1 研究思路

本文在理论基础与已有文献研究的基础上，结合中国旅游行业上市公司的现实状况，在进行相应统计分析的基础上，以发现问题、分析问题与解决问题的基本思路进行问题的研究，即通过文献分析与统计分析发现中国旅游行业上市公司高管特征与多元化策略之间存在的问题，并利用理论分析与实证分析的方法，检验中国旅游行业上市公司高管特征与多元化策略之间存在的关系以及考虑中介因素产生的作用以分析问题，从而提出相应的对策建议以解决问题，本文的具体研究思路为：理论基础→现状统计→原因剖析→实证分析→机制分析→政策建议，具体技术路线如图1-1所示。

1.3.2 研究方法

本文涉及的研究方法主要包括行为金融学分析法、统计分析法、规范分析与实证分析法等，具体为：

（1）行为金融学分析法：行为金融学是将心理学，尤其是行为科学的理论融入金融学中，从微观个体行为及产生这种行为的心理动因去解释、研究和预测相关问题的学科。本文的研究强调旅游行业上市公司管理层中“人”的行为因素，包括前景理论、锚定效应及管理层特征等均涉及行为金融学的方法，因而行为金融学的分析方法是贯穿本文的重要方法之一。

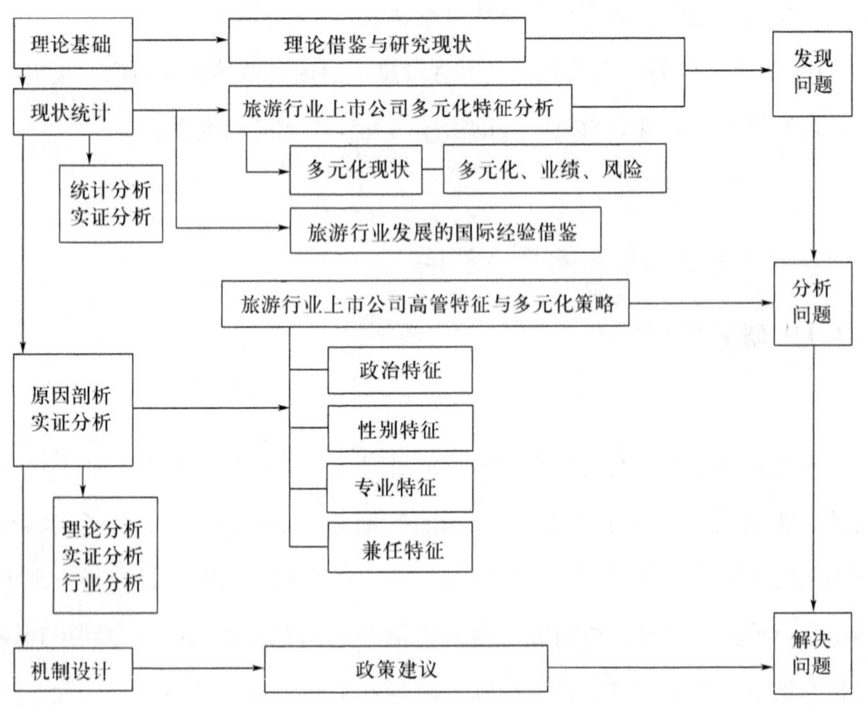

图 1-1　技术路线

（2）统计分析法：统计分析法指通过对研究对象的规模、速度、范围、程度等数量关系的分析研究，认识和揭示事物间的相互关系、变化规律和发展趋势，借以达到对事物的正确解释和预测的一种研究方法。本书将会利用多种统计分析的方法，如算术平均数、方差分析、非参数分析等多种统计分析的方法测度旅游行业上市公司多元化特征、高管特征等，因而统计分析法是本文研究的基础方法。

（3）规范分析与实证分析法：规范分析与实证分析是常用的两种基本

论证方法，二者是演绎法与归纳法的思维方式的反映。本书的研究是规范分析与实证分析的结合与统一，需要通过理论的规范分析阐述旅游行业上市公司高管特征对多元化策略到底产生了什么样的影响，又需要利用多元回归分析法、逻辑回归分析法、非参数分析法等多种方法进行实证分析，利用经验证据验证相关变量间可能存在的内在逻辑关系。而前面阐述的几种研究方法中，规范分析与实证分析相关方法的结合也将会是解决相应问题的主要方法。

1.4 研究创新之处

（1）本书选择以旅游行业上市公司为研究样本进行分析，这一方面与当前旅游行业企业面临的多方面竞争以及资本市场波动有关；另一方面也与单独对旅游行业上市公司的进行研究的文献较少有关，因此本书能够提供关于旅游行业上市公司的经验证据，这是本书在研究样本方面的创新。

（2）本书从行为金融学视角理论的基本思想出发，考虑高管特征中的“人”的因素，考虑高管个人行为的特征是否会对多元化策略产生影响，这些内容是已有文献中很少涉及的内容。同时，本书还利用前景理论、锚定效应等行为金融学的方法进行相应的研究，这些是本书在研究视角与研究方法方面的创新。

（3）本书在考虑旅游行业上市公司高管特征对多元化策略影响时，还考虑各种中介变量产生的影响，主要包括公司财务特征中的真实盈余管理、公司治理特征中的大股东因素与独立董事特征，这其中很多都是已有文献中并未涉及的，尤其是在旅游行业上市公司的研究中，很多都没有涉及，而这是本书在研究内容与研究框架方面的创新。

1.5 主要概念界定

1.5.1 多元化

多元化（Diversification）又称多样化或多角化经营，是企业经营不只局限于一种产品或一个产业，而实行跨产品、跨行业的经营扩张。

多元化经营的特征包括：①多元化是企业一种经营方式和成长模式；②多元化是企业能力与市场机会的一种组合。多元化有静态和动态两种含义，前者指一种企业经营业务分布于多个产业的状态，强调的是一种经营方式；后者指一种进入新的产业的行为，即成长行为。

所以，公司多元化战略是公司在现有经营状态下增加市场或行业差异性的产品或产业的一种经营战略和成长方式。多元化经营属于公司管理层的战略，是公司成长到一定阶段的必然产物。

1.5.2 高管

高管人员（Executives），是指公司管理层中担任重要职务、负责公司经营管理、掌握公司重要信息的人员，主要包括董事会成员、经理层成员、财务负责人，上市公司董事会秘书和公司章程规定的其他人员。

其中，董事会成员主要包括董事长、副董事长以及独立董事等。董事长（Chairman of the Board）、副董事长是股东利益的最高代表，它不属于公司雇员的范畴，理论上是指公司管理层所有权力的来源。董事长是公司董事会的领导，其职责具有组织、协调、代表的性质，其权力在董事会职责范围之内，不管理公司的具体业务，一般也不进行个人决策，只在董事会开会或董事会专门委员会开会时才享有与其他董事同等的投票权。独立董事（Independent Director），是指独立于公司股东且不在公司中内部任职，并与公司或公司经营管理者没有重要的业务联系或专业联系，能够对公司事务做出独立判断的董事。

总经理（General Manager）、副总经理，是指《公司法》第五十条和第一百一十四条规定的总经理、副总经理。总经理由董事会决定聘任或者解聘，对董事会负责；副总经理由经理提请董事会决定聘任或者解聘。

财务负责人（Financial Headers），是指由经理提请、董事会决定聘任或者解聘的财务负责人员。

董事会秘书（Company Secretary），是指《公司法》第一百二十四条规定的上市公司必设的机构，负责上市公司股东大会和董事会会议的筹备、文件保管以及公司股东资料的管理、办理信息披露等事务。

至于“公司章程规定的其他人员”则是为了赋予公司自治的权利，允许公司自己选择管理方式而聘任的高级管理人员，但是，这些人员（职位）必须在公司章程中明文加以规定。高级管理人员应当符合《公司法》第六章关于公司高级管理人员任职资格的规定，并履行法律和章程规定的义务。

1.5.3 旅游行业

旅游行业（Tourism），国际上称为旅游产业，是以旅游资源为凭借、以旅游设施为条件，专门或者主要从事招徕、接待游客，为其提供交通、游览、住宿、餐饮、购物、文娱六个环节的综合性行业。旅游业由旅游资源、旅游设施、旅游服务三大要素组成。

在中国证券市场所涉及的行业中，根据证监会在2012年对于上市公司行业分类的相应修订，将原先的旅游行业分别分布在住宿和餐饮业（H）、商务服务业（L72）以及公共设施管理业（N78）中。

2　文献回顾

多元化是企业经营到一定程度后，为了获得更多经营空间或出于降低风险等目的，而选择的一种经营方式。随着更多的西方上市公司以多元化的模式进行经营，从而更多的西方学者对多元化问题进行了相应的研究，而这些相应的研究，其研究模式以及所产生的结论，也为中国上市公司多元化问题的研究提供了宝贵的经验与良好的借鉴。因此，本章将对多元化的相关文献进行综述，主要包括对多元化经营动机、多元化经营与企业绩效的关系、多元化经营与企业风险的关系、公司治理与多元化经营的关系等的相关文献进行综述，同时对中国旅游行业上市公司的相关文献进行阐述。

2.1　多元化经营动机文献

多元化问题的相关研究最早能够追溯到科斯关于企业边界问题的讨论，科斯认为企业的边界在于内部生产成本与市场交易费用之间的衡量，因此当内部生产成本小于市场交易费用时，企业以多元化生产的方式涉足另外一个行业或产品，就是理所当然的。随着科斯最基础理论的发展，资源基础理论、内外部刺激理论、委托代理理论、市场势力理论等相继解释了企业进行多元化的原因。

资源基础理论指出，企业进行多元化经营的根本原因在于企业具有进行多元化的资源，企业通过多元化经营的方式，实现资源在不同行业之间的转移，并且对现有资源与新资源开发进行相应的权衡（Bodnar 等，

1999；Matsusaka，2001）。

内外部刺激理论认为，企业会因为一些特殊原因而选择多元化的经营模式，例如，从企业内部视角来看，会因为希望获得更多的收益机会、提升企业绩效、降低企业风险等原因进行多元化经营；而从外部视角来看，会因为政府的优惠政策、市场失灵等原因进行多元化经营。Lee 等（1995）就指出，美国《克莱顿法》的颁布就刺激了美国企业通过兼并形式进行多元化的行为。Chatterjee 和 Wernerfelt（1991）的思想类似于科斯的交易费用思想，认为只要企业交易成本高于市场的组织成本，就可能会出现市场失灵的状况，从而企业自然会产生多元化的行为。

委托代理理论则指出，多元化经营能够对管理层起到相应的监管作用，能够提升股东利益而降低管理层的自利行为，而且多元化经营的模式能够通过提升管理层职业声望或是为管理层提供更多报酬激励的方式，降低企业的代理成本（Shleifer 和 Vishny，1989）。

市场势力理论也认为，多元化经营能够让企业获得规模优势，尤其是相关多元化的经营方式，能够让企业获得跨行业补贴，实现对竞争企业的克制，获得相应的竞争优势，从而使得企业能够将相应的竞争企业挤出市场，获得自身在竞争中的优势以及成为更大的企业（Bernhein 和 Ofek，1990）。所以，企业多元化的动机在于获取市场势力，通过横向补贴、互惠交换等方式，多元化企业可以获得竞争优势，从而在竞争中立于不败之地。

2.2 多元化经营与企业绩效关系的文献

多元化经营与企业绩效关系的研究较早，洪道麟和王辉（2009）就指出，关于这一问题的研究，理论界经历了一个从肯定到否定的过程。

部分文献认为通过多元化经营的方式，企业获得了更多的获得收益的途径，从而也就增加了提升收益的机会。Rumelt（1974）从战略管理视角研究多元化经营对企业利润的影响，发现企业在实施多元化策略的同时能将其活动严格限制在企业“核心能力和技能”的范围内，则企业会产生更好的绩效。Christensen 和 Montgomery（1981）的研究也表明，实施相关多元化策略的企业相比于实施不相关多元化的企业利润率更高。Jensen（1986）研究了多元化程度与公司绩效之间的关系，结果同样发现多元化程度对于企业超额价值有着显著的正向影响。Hatfield 等（1996）研究也发现，公司多元化经营程度越高，则相应的业绩表现越好。Khanna 与 Palepu（2000）则由印度公司的数据进行的检验发现，多元化经营与绩效之间存在的关系是非线性的，虽然短期内会存在下降的趋势，但长期来看多元化经营对绩效产生的是正向的影响。Villalonga（2004）的研究也同样发现存在“多元化溢价”的证据。而在中国的上市公司中，冯根福和吴林江（2001）从并购的角度研究我国上市公司的绩效得出，多元化并购能够在短期内为企业带来一定的正效益，而长期横向并购优势明显，绩效呈上升趋势且较为稳定。苏冬蔚（2005）也讨论了多元化经营与公司价值之间的关系，发现多元化的经营模式能够明显地为企业带来更好的收益。魏成龙和刘建莉（2007）则对中国商业银行的多元化行为进行了研究，发现多元化的经营模式对商业银行的经济绩效具有明显的正向影响。

然而，更多文献却将多元化经营视为一种成本，认为企业在多元化经营的过程中，由于涉猎更多的行业，从而有形或无形地加大了经营的成本。Wrigley（1970）的研究就指出，随着多元化程度的增加，如果企业的组织结构不发生相应的变化，则企业的绩效就会相应下降。而 Agrawal 等（1992）的研究也发现多元化企业往往能够具有负的超额收益，尤其是在通过多元化并购后的五年左右。Lang 和 Stulz（1994）的研究同样证明了多元化程度和企业价值之间存在负相关关系。Berger 和 Ofek（1995）则利用1986—1991 年美国上市公司数据进行的检验发现，多元化经营为企业带来

的平均价值损失约为13%～15%，而这种损失来源于过度投资和跨行业补贴。在中国上市公司中，姚俊等（2004）研究了多元化与公司业绩的关系，证明了企业多元化业务的相关性程度与企业效益之间显著的负相关关系。而张翼和刘巍（2005）的研究也表明，中国上市公司的多元化经营程度与资产收益率和股票收益率呈负相关关系。洪道麟和熊德华（2006）则讨论了多元化的内生性问题，发现多元化会明显损害企业绩效，而且在控制内生性后，这种损害程度会更为严重。石水平等（2006）的研究同样表明，多元化经营战略与公司的业绩呈显著的负相关关系。洪道麟等（2006）的研究进一步指出多元化并购战略对企业绩效的影响，发现多元化并购不会给企业带来正的长期绩效。任竞斐和王西星（2009）则以水电上市公司为研究样本，探讨了企业绩效与多元化之间的关系，发现多元化水平与企业绩效之间表现为负相关关系。盛明泉和张春强（2011）的研究表明，我国较弱的企业发展与创造能力阻碍了企业在多元化并购后所产生的新行业与发展问题，因而从短期来看，多元化并购会使企业绩效呈下跌趋势。赵景芬和戴蓬军（2013）则对中国农业类上市公司进行研究发现，农业类上市公司多元化经营水平与公司绩效呈负相关关系，即多元化经营会降低农业上市公司的经营绩效。而梁博（2013）从代理视角的分析研究发现，企业多元化经营会产生更多的代理成本，从而降低企业绩效，这种负向影响在国有企业中表现得尤其明显。相似地，王乔伟（2015）利用纺织行业企业的研究发现，多元化的经营对企业绩效产生了明显的负向作用。

当然，也并非所有文献的研究结论都认为多元化的经营一定会对公司绩效产生明显的影响。Gort（1962）就利用企业的业务单元数量、与企业多元化互补的专业化比率、业务单元与专业化比率的乘积衡量多元化经营，其研究结果发现，多元化与企业经营绩效之间并不存在明显的相关性。而Palepu（1985）首次利用熵指数衡量企业的多元化水平，发现多元化经营与企业经营绩效之间并没有明显的关系。同样，在中国上市公司中，刘力（1997）的研究就指出，中国上市公司的多元化经营程度与公司绩效之间并不存在明显的关系。金晓斌等（2002）同样认为，多元化的经营本身是中性的。

2.3 多元化经营与企业风险关系的文献

与多元化经营与企业绩效文献并未能够得到一致结论所不同的是，大多数研究多元化经营与企业风险的文献，都认为多元化的经营模式由于涉足不同的行业，从而分散了企业的风险。当企业主动地经营不同行业时，即使某一个行业存在一定程度的风险，其他行业的收益也能够降低企业总体承担的风险，从而就不需要因为一个行业的好坏而承担整个企业经营的结果。Lewellen（1971）考察了多元化经营与公司风险的关系，发现多元化经营过程中存在现金流的变化，所以多元化经营能够降低公司的违约风险。Amihud 和 Lev（1981）则从管理层的角度对多元化经营与公司风险之间的关系进行检验，发现管理层会因多元化经营降低其投资风险。而 Amit 和 Livant（1988）指出，多元化经营的企业相当于构建相应的资产组合，从而只要各项业务之间的现金流不完全正相关，就能够降低现金流所产生的波动性，也就能够降低企业的财务风险。Barton（1988）则利用美国 500 强企业的数据进行研究，发现多元化战略能够直接降低企业的系统风险。Comment 和 Jarrell（1995）也支持多元化降低公司风险的假说，认为多元化经营降低了公司特有风险。Mansi 和 Reeb（2002）研究也发现，多元化的经营能够降低企业特有风险和债权人风险。在中国上市公司中，朱江（1999）研究了多元化经营的后果，发现多元化的经营模式能够降低企业经营风险。魏锋和孙晓铎（2008）则从股东、管理层与债权人视角进行研究，研究表明多元化的经营会降低公司的经营风险。王亮等（2009）的研究也表明，在市场转型期间，多元化的经营能够在一段时间后降低企业的

经营风险。李东妍等（2009）的研究同样表明，多元化的经营能够降低企业收益的波动幅度，从而分散企业的经营风险。而姜付秀和刘志彪（2006）的研究表明，多元化的经营分散了企业的经营风险。同样，彭岚等（2016）研究发现，企业实施多元化经营战略能够在一定程度上降低现金流风险。宋清华等（2016）则针对中国商业银行的多元化行为进行了相应的研究，发现多元化的经营有助于降低银行风险。

而由于很多上市公司进行多元化经营的行业选择是非相关多元化，会使得很多上市公司完全涉猎一个新的行业，因而这种多元化的经营方式，就未必会降低相应的风险，反而很可能会造成相应的风险提升。Montgomery 和 Singh（1984）的研究发现，多元化公司伴随着较高的系统风险，通常有较高的财务杠杆，而且债务比率与系统风险正相关。Ahn 和 Denis（2004）也指出企业多元化的经营方式很可能会引发管理层建设商业帝国的野心，从而就可能存在滥用现金流的问题，进而增强企业的现金流风险。而魏然（2013）的研究同样指出，多元化的经营方式会增加企业的业务单元数，从而就会使得企业资金供应不足，进而造成企业资金的困境。

当然，也有部分文献的研究结论认为，多元化经营未必会对风险产生相应的影响，无论是正向的影响还是负向的影响，也就是说，多元化经营与企业风险之间并不存在明显的关系。Chang 和 Thomas（1989）就认为企业风险与多元化之间并不存在显著关系。吴国鼎和张会丽（2015）的研究也认为，多元化的经营并不能够有效地分散企业的财务风险，而且这种影响在国有企业与民营企业之间并没有明显的差异。

2.4 公司治理与多元化经营关系的文献

上市公司进行多元化的经营，除了想要获得更多的收益或是降低公司的风险以外，还有一个很重要的原因是公司治理的需要，例如，为了获得不同股东之间的利益平衡或使管理层获得相应的利益诉求等。因此，部分文献从公司治理的视角讨论了公司治理与多元化经营之间存在的相应关系。例如，Anderson 等（2000）对公司治理结构与企业多元化程度及多元化折价的关系进行研究，发现多元化公司的某些治理机制不同于专业化公司，但多元化公司使用了不同的治理机制作为替代，而且公司治理结构的失败与多元化决策并没有相应的关系，公司治理特征也不能有效地解释多元化折价。

在公司治理与多元化经营的众多文献中，股权结构对多元化产生的影响是大多数文献关注的主要问题。Denis 等（1997）的研究指出，管理层持股问题会引发公司的多元化经营行为，公司多元化程度随着管理层持股比例的增加呈现出先下降后上升的 U 形曲线，当管理层持股较少时，由于多元化经营给管理层带来的个人收益大于公司价值减少而产生的股东成本，因而管理层会采取多元化经营策略，但是随着管理层持股的增加，多元化经营为其带来的股东价值损失也会随之增加，因而管理层又会倾向于回归单一化经营，而当管理层持股比例达到一定量后，多元化为其带来的个人收益超过股东价值损失对其个人收益的影响，因而多元化程度又会随着管理层持股量的上升而上升。Amihudand Lev（1981）的研究则发现，股权分散型公司比股权集中型公司的管理层更倾向于采用多元化的经营战略。Lins 和 Servaes（2002）的实证研究也表明，控股股东所有权与公司多元化经营程度之间呈现倒 U 形的曲线关系。秦拯等（2004）研究了中国上市公司多元化程度与治理结构的关系，发现多元化程度不同的公司，其领导权结构和第一大股东持股比例存在显著差异，这表明代理理论能解释中国上市公司多元化的动因。王化成和胡国柳（2005）的研究指出，股权集中度与企业多元化水平显著负相关，国有股比例与企业多元水平负相关，但相关性不显著。张冀等（2005）则从代理问题视角进行研究，研究表明在国有控制的上市公司中多元化程度与国有股权所占比例呈 U 形曲线关系，这种关系在由地方政府和地方国有企业控制的公司中尤其显著。韩忠雪等（2006）同样从代理问题的视角进行研究，表明国有股权与公司多元化程度呈现负相关关系，法人股与多元化程度呈倒U形曲线关系，流通股与多元化程度呈正相关关系，股权集中度、机构持股比例和管理层持股与多元化程度呈负相关关系，结果表明代理问题在有效解释公司多元化程度的同时，也有效地解释了公司多元化折价的产生。黄海波和李树茁（2007）则对公司治理结构与多元化水平的关系进行了实证研究，结果发现第一大股东持股比例、股权制衡、高管持股比例和交叉上市等公司治理因素对多元化水平有显著的负面影响，但是领导权结构和独立董事比例等董事会结构因素对多元化水平没有显著的影响。林晓辉和刘湘玫（2008）研究也发现，股权结构对公司多元化经营决策和多元化绩效有较强的相关关系，非国有控股公司更倾向于实行多元化经营且多元化绩效较好，而控股股东持股比例越高，实行多元化经营的可能性就越小，多元化绩效也越好。沈梁军（2010）的研究也表明，随着大股东持股比例的提高，企业多元化水平会下降，这一现象可能是由于企业大股东通过多元化侵害中小股东利益引起的，也可能是由于经理人的代理问题引起的。而陈志军和薛光红（2010）对企业集团的股权结构与多元化程度的关系进行了实证研究，结果表明股权集中度与多元化程度存在显著的负相关关系，国有股比例和集团公司多元化程度之间呈正相关关系。关健和李伟斌（2011）的研究则表明，在中国的上市公司中，非国有企业相对于国有企业更倾向于多元化经营，同时随着市场化程度的提高，国有企业相比非国有企业多元化程度的提升更加明显。

而基于公司治理对多元化经营关系的研究中，另外一个切入点就是基于董事会特征进行的相应研究。从理论上来讲，董事会是确保股东利益的重要机构，股东可以通过董事会对公司管理层施加影响。通常，关于董事会的研究集中在董事会成员数量及其比例、内部独立董事的作用、外部独立董事机制等方面。从代理成本理论的观点来看，董事会规模应保持在一个适当的状态，董事会规模过大会使得沟通和协调的难度增加，从而使得董事会控制管理层的能力下降，导致代理成本的上升（Jensen 和 Meckling，1976；Jensen，1993），但是独立董事的“独立性”使其能够站在客观、公正的角度进行相应的监控，防止管理层谋求私利的行为，从而也会降低代理成本。孟卫东等（2006）的实证分析就表明，中国上市公司董事会结构和董事会规模不完善，从而使得多元化战略实施效果不佳。魏锋和薛飞（2008）的研究也发现，董事会会议频率、独立董事比例与多元化经营决策呈现正相关关系，但董事持股比例与多元化经营则呈现负相关关系。而薛有志等（2010）的研究表明执行董事人数比例能够显著地抑制上市公司的多元化经营，而且执行董事人数比例对多元化经营与企业绩效之间的关系具有明显的正向调节作用。周泽将等（2015）则基于女性董事的视角研究了企业多元化经营的行为，发现女性董事降低了企业的经营多元化概率，而且是女性非独立董事降低了经营多元化的行为。

2.5 高管特征与多元化经营关系的文献

在公司治理体系中，高管是重要的治理体系的组成环节。高管具有公司决策的最终决定权与执行权，最终做出多元化决策的就是公司的高管，而高管的个人特征也就会影响到多元化的决策。Shleifer 和 Vishny（1989）指出，公司高管进行多元化经营的目的就是为了获得更好的职业保障。Gbbons 和 Murphy（1992）的研究也指出，公司高管进行多元化的经营，不仅能够带来工作的保障，而且还会提升未来职业生涯的预期。Denis 等（1997）的研究表明，上市公司选择多元化的经营战略就是由公司管理层持股而相应引发的代理问题。Sanders 和 Carpenter（1998）则基于高管团队合作的视角研究指出，在多元化经营过程中，由于业务中存在部分相似部分，从而这些相似的部分需要高管之间的互相交流。而 Aggarwal 和 Sanwich（2003）则认为，公司的多元化行为产生的折价是因为高管需要获得私人收益。

而在对中国上市公司多元化的研究中，部分文献从高管团队人口特征的视角进行了相应的研究，主要讨论高管团队不同的特征对多元化产生的相应影响。鲁倩和贾良定（2009）就基于高管团队人口特征的视角研究发现，高管团队的教育程度与多元化战略存在显著的正相关关系，高管团队的职业背景与多元化战略存在显著的负相关关系。贺远琼和杨文（2010）也针对高管团队特征对多元化战略进行了研究，发现高管团队的不同特征与企业多元化战略有不同的相关关系，高管团队规模与企业多元化战略有显著的正相关关系，团队平均年龄、教育背景异质性等人口统计学特征与企业多元化战略之间存在显著的负相关关系，其他特征的相关关系不显著。孙戈兵等（2011）则研究了高管兼职行为对多元化决策的影响，发现高管的双重身份与多元化之间存在正相关关系。冯栋等（2011）以高阶理论为基础的研究表明，高管团队政治背景和跨行业背景对企业的多元化战略决策有正向的促进作用，而相关协会身份对企业多元化战略决策的影响则没有得到支持。而陈仕华（2012）的研究则表明，高管的行业内联结对多元化战略有显著的负向影响，行业外联结对多元化战略有显著的正向影响。而还有部分文献则主要基于代理理论、高管激励理论等研究多元化对高管行为所产生的影响。鲁海帆（2007）就从高管团队内薪酬差距视角进行研究，表明多元化中各业务间相关程度的加大和业务种类数量的增加在提升高管团队内薪酬差距的同时，会降低薪酬差距对业绩的激励作用。韩忠雪和周婷婷（2009）则检验了高管激励与多元化折价之间的关系，发现高管激励反映的代理问题深刻影响着公司多元化和折价程度，表明代理问题可能是造成公司多元化折价的重要因素之一。沈梁军（2010）研究了管理层激励对多元化的影响，发现管理层持股与多元化之间存在着正相关关系，这一结果支持了代理理论对多元化折价问题的解释。欧阳瑞（2010）则从总经理变更视角进行研究，研究表明多元化降低了总经理变更的业绩敏感性。而苏昕和刘昊龙（2017）指出高管持股是多元化经营对企业绩效产生影响的中介调节作用，高管持股水平对行业多元化程度与绩效关系的调节效应不显著，而在一定区间内，高管持股水平对产品多元化程度与绩效关系具有积极的调节作用，超越某一阈值，高管持股水平就会对产品多元化程度与绩效关系产生消极的调节效应。

还有部分文献从高管其他特征的视角，对多元化经营的问题进行了相应的研究。例如，林晓辉和吴世农（2008）基于代理理论和过度自信理论探讨中国上市公司多元化的动因，发现两职合一公司的总经理具有较强的控制力，其可以利用所掌握的控制权进行多元化扩张以牟取私利。而欧阳瑞和贺建风（2010）则考察了上市公司多元化经营对经理人变更的影响和政府控制对上市公司经营行为的影响，结果表明多元化和政府控制因素均对经理人变更及变更后的绩效有显著影响。

2.6 中国旅游行业上市公司文献

近年来，随着国家对旅游产业政策的推动以及大众对旅游消费需求的增加，中国旅游行业处于一个良好的发展机遇期，这也使得更多文献单独关注旅游行业上市公司的发展情况。在已有对中国旅游行业上市公司的研究中，经营绩效以及相应涉及的旅游行业上市公司的财务问题成为重要的研究问题。

关于旅游行业上市公司经营绩效问题的研究。王凤（2007）就对中国上市公司资本结构与公司绩效的关系进行了研究，发现旅游行业上市公司的资本结构与公司绩效间存在显著的相关关系，资本化率与公司绩效呈稳定的显著的正相关关系，但过高的财务杠杆水平却蕴含着巨大的财务风险。郭岚等（2008）也对中国旅游行业上市公司的效率评价进行了研究，认为合理整合公司各项资源，缩小公司经营规模，是中国旅游行业上市公司提升经营效率的关键。杨京波（2011）则对中国旅游行业上市公司经营绩效的影响因素进行了研究，发现公司治理是最重要的影响因素。而邢丹丹等（2011）对中国旅游行业上市公司无形资产对经营绩效的影响进行了研究，发现旅游上市公司无形资产对经营绩效的贡献是显著的、正向的，无形资产对经营绩效的贡献度远高于固定资产。张红和张春晖（2012）研究了中国旅游行业上市公司股权结构对经营绩效的影响，发现旅游行业上市公司的股权结构与经营绩效间不存在显著的线性关系，但是前五大股东以及前十大股东持股比例与经营绩效呈显著的倒 U 形关系。李武武和王晶（2013）基于利益相关者理论的研究也指出，旅游行业上市公司社会责任与经营效益呈正相关关系，积极参与社会责任实践有助于提升企业的经营效益和市场竞争能力。王迪等（2014）研究了中国旅游行业上市公司董事会治理对经营绩效的影响，发现中国旅游上市公司董事会规模与经营绩效之间存在显著的倒 U 形曲线关系，执行董事比例对企业业绩有显著的促进作用，前三名董事薪酬、独立董事比例和董事长与总经理两职合一对经营绩效有消极影响，而董事会会议频率对经营绩效无显著影响。而周春梅和张成心（2014）讨论了管理层权力、薪酬差距对旅游行业上市公司绩效的影响，发现管理层权力理论在旅游行业上市公司中并不存在，但薪酬差距却能够明显影响旅游行业上市公司的绩效。董奋义和程莉莉（2014）则对中国旅游行业上市公司的股权结构对经营绩效的影响进行了相应研究，发现流通股比例、国有股比例与旅游行业上市公司经营绩效相关性是不显著正相关，第一大股东持股比例与旅游行业上市公司绩效显著正相关，前七大股东持股比例与旅游行业上市公司经营绩效负相关。

部分文献关注了旅游行业上市公司的资本结构、资本质量、资本价值等问题。蔡卫民和熊翠（2011）研究了旅游行业上市公司收益质量的问题，发现旅游行业的不同子行业之间以及相同子行业内部的不同企业之间的收益质量出现了严重的分化，其中景点类收益质量最好，酒店类次之，综合类旅游上市公司相对最差。耿松涛（2012）则对中国旅游行业上市公司的全要素生产率进行了测算，发现中国旅游行业上市公司的全要素生产率的年度波动性较大。而周春波和林璧属（2013）研究了中国景区类上市公司资本化率的问题，发现控制权结构与资本化率之间存在着倒U形的非线性关系，而董事会独立性对资本化率的影响不显著，若适当增加负债融资比例，可以加强对管理者的约束，降低资本化率。周春波（2014）则研究了中国旅游行业上市公司的企业融资成本问题，发现旅游企业债务融资成本小于股权融资成本，旅游企业应充分利用经营权和用地使用权质押贷款等多元化债务融资方式。陈永生和简洁（2014）研究了旅游行业上市公司的证券投资价值，发现景区类与酒店类公司的投资价值最高。张彬等（2015）研究了中国旅游行业上市公司资本结构的影响因素，发现中国旅游业上市公司负债融资水平不高，短期负债比例高于长期负债比例，而资本结构与公司规模、成长性、有形资产担保价值正相关，资本结构与盈利能力、非负债税盾、国有股比例负相关。程露悬和黄福才（2010）研究了中国旅游行业上市公司规模报酬的问题，发现旅游行业上市公司的规模报酬递减，劳动力产出弹性显著大于资本产出弹性。

另外，还有一些文献从不同的视角对中国旅游行业上市公司的不同问题进行了相应的研究。金雪军和张学勇（2005）就研究了中国旅游行业上市公司业绩与区域经济之间的关系，发现典型旅游上市公司属地省份的经济发展水平会对其业绩有显著的影响。许陈生（2007）则研究了中国旅游行业上市公司股权结构与技术效率的问题，发现股权集中度对我国旅游行业上市公司技术效率的影响存在显著倒U形关系，而股权制衡度、董事会持股比例和总经理持股比例对旅游行业上市公司技术效率的提高均有显著的积极作用。而石晓燕等（2012）研究了中国旅游行业上市公司自愿性信息披露的问题，发现中国旅游行业上市公司自愿性信息披露水平整体较低。窦璐（2015）则应用广义超越对数成本函数对中国旅游上市公司的规模经济和范围经济状况进行分析，规模经济研究结果表明多数旅游上市公司存在规模经济，但有减弱趋势。

当然，由于多元化是企业发展过程中非常重要的问题，从而也有较多文献更为关注旅游行业上市公司的多元化经营问题。Lee 和 Jang（2007）就以美国饭店类上市公司为研究对象，发现饭店类上市公司的多元化战略能够保证收益的稳定性。而关于中国旅游行业上市公司的多元化经营问题，早期文献更多关注的是中国旅游行业上市公司多元化经营存在的问题与发展的思路，郭华（2003）就指出，多元化经营战略是中国旅游行业上市公司的普遍选择，其选择的合理性直接关系到旅游行业上市公司的经营业绩，以核心能力为基础的低度多元化是现阶段适应中国大多数旅游行业上市公司要求的多元化经营模式。依绍华（2006）则指出，中国旅游行业上市公司多元化经营的主要制约因素在于对旅游企业品牌的不利影响、弱化企业核心竞争力、过度投资以及难以形成特色经营。而依绍华（2007）进一步指出，中国旅游行业上市公司多元化的经营模式，主要包括自我发展的内部拓展模式与以外部并购方式实现多元化两种模式。

更多文献则利用实证检验的方法，研究中国旅游行业上市公司多元化经营所产生的相应影响以及从不同视角研究各种因素对中国旅游行业上市公司多元化经营的影响，例如，多元化经营对中国旅游行业上市公司经营绩效、各类风险的影响以及股权结构等公司治理因素对中国旅游行业上市公司多元化产生的影响。刘海英和王素洁（2007）的研究就指出，中国旅游行业上市公司多元化经营能够明显提升公司价值。王彩萍和徐红罡（2008）则研究了旅游行业上市公司多元化经营的经济后果，指出多元化经营提升了旅游行业上市公司的业绩，多元化经营的旅游行业上市公司在盈利能力等方面优于未多元化的上市公司。黄海玉和黄文涛（2011）也对中国旅游行业上市公司的多元化与绩效关系进行了研究，指出饭店类上市公司的相关多元化和绩效有显著的正相关关系，资源类旅游上市公司的相关多元化和绩效有显著的正相关关系，综合类旅游上市公司的相关多元化和绩效呈不显著负偏相关。张慧和周春梅（2012）则通过对中国旅游行业上市公司经营业绩进行的研究表明，中国旅游行业上市公司的整体经营业绩表现并不理想，应该采取适度的相关多元化战略拓展利润空间。而段正梁和周树雄（2012）基于内生性视角研究了多元化对旅游行业上市公司价值的影响，发现多元化对旅游行业上市公司价值具有提升作用，而且在内生性视角下，旅游行业上市公司的多元化经营对企业价值的正向促进作用进一步提升。段正梁和危湘衡（2013）进一步研究了多元化并购对长期绩效产生的影响，发现相关多元化并购更多的是一种长期价值促进作用，无关多元化并购无法获取长期价值促进效应。段正梁等（2013）则对中国旅游行业上市公司多元化发展的特征进行了相应的研究，指出旅游上市公司业务多元化发展总体上表现出一定程度的扩张态势，在类型上以业务相关为主，在路径方式上以后向市场协同和技术协同为主，且在样本公司扩张路径的选择上，技术协同方式较市场协同方式占优势。段正梁等（2014）又研究了多元化经营类型与旅游企业价值之间的关系，发现在外生性视角下，相关多元化对旅游企业价值具有正向影响，而在内生性视角下，相关多元化对旅游企业价值的正向促进作用进一步提升。张运来和王储（2014）则指出中国旅游行业上市公司普遍存在进入房地产业、高新技术产业的多元化经营现象，而旅游行业上市公司的多元化经营能够降低公司的财务风险，但无法降低公司的经营风险。而张运来等（2016）进一步研究了中国旅游行业上市公司多元化类型对融资约束的影响，发现中国旅游业上市公司的多元化经营可以显著地降低融资约束，其中相关多元化水平的提升可以显著地降低融资约束，非相关多元化水平的提升无法显著地降低融资约束。

3 旅游行业发展的国际经验借鉴

旅游行业在中国依然属于新兴行业，这种新兴行业的发展伴随着经济的发展与居民生活水平的提升。然而，在欧美等地区相对发达的国家，旅游行业已经具有一定的发展历史，其旅游行业的发展以及旅游企业的发展，也能够为新兴经济体国家旅游行业的发展提供良好的经验借鉴，让这些国家的旅游行业上市公司具有更好的后发优势。因此，本章将选取世界范围内一些旅游行业发展较好的国家或地区，对其旅游行业的发展进行相应的研究与总结，从而为中国旅游行业以及旅游行业企业的发展提供良好的经验借鉴。

3.1 欧美国家旅游行业发展的经验借鉴

3.1.1 美国旅游行业发展的经验借鉴

作为世界经济最发达的国家，美国由于具有极其丰富的旅游资源，其旅游行业同样具有良好的发展基础与现实。美国由于国土面积非常宽广，从而地貌呈现出不同的状况，气象状况也千差万别，集森林、湿地、河流、草原、沙漠、高山、火山、峡谷、冰雪、海洋与一体，风光旖旎、美不胜收。同时，美国由于经济发达，具有现代化的科学、文化、生活方式以及便利的交通条件，因而人文旅游资源也非常多。这种综合性的旅游资源，使得美国每年的旅游收入连年稳居世界第一位。

美国旅游行业之所以能够获得较大的发展，除了自身所具备的自然条件与人文条件外，其与旅游配套的交通设施及管理体制的完善发挥了重要的作用（柯显东，2007）。

首先，美国旅游交通非常发达，航空、铁路、公路、水路系统纵横交错，设备非常完善，为旅游空间位移提供了充分的保证，这也是一个国家旅游行业成熟的重要表现。从航空运输的条件来看，美国有超过一千多个城市有机场，部分大城市甚至有 2～3 个机场，有的机场还提供直升机专用机场，而且美国的大型航空公司也超过 50 家，因此航空业的竞争非常激烈，很多航空公司不得不推出特价优惠机票，这就让很多旅客能够买到非常优惠的机票，降低了外出旅行的成本。从铁路运输的条件来看，美国已建成的运营铁路总里程是世界最长的，这为美国人提供了坐长途火车进行旅行的条件。由于很多美国人倾向于在闲暇时间乘坐火车进行长途旅行，以欣赏沿线的风光，因此部分美国铁路运营公司就特别设计了具有非常舒适环境的旅游列车，从而为旅客提供通过其他交通工具所并不能够获得的感受。当然，由于提供了良好的服务，通过铁路进行旅游的成本并不会比乘坐飞机更便宜。从公路运输条件来看，美国的高速公路不但数量非常多，而且设计非常科学，不同道路之间具有顺畅的交叉联系，路标系统完善，而且收费非常低，这就为美国居民自驾旅行提供了良好的条件与机会。不但美国本土居民可以自驾旅行，外国游客在美国租车旅行的模式也非常普遍，各大机场都有专门的租车区域，网络租车也非常便利，而且价格也在可接受范围内。从水路运输的条件来看，美国的水路运输旅游模式发展速度也非常快，无论是游客还是游船发展都非常迅速，这主要得益于美国港口的发展。

其次，美国旅游行业的管理体制虽然比较复杂，但为美国旅游行业提供了良好的帮助，让旅游行业能够获得良好的发展机会。美国的旅游管理体制包括国家层面的政府组织与非政府组织，也包括各州与城市层面的各种组织。美国对于旅游行业进行管理的政府组织曾经是美国旅行与旅游管

理局，其负责制定美国的旅游政策，吸引外国游客来美并刺激美国国内的旅游市场。后来，美国旅行与旅游管理局被取消，相应职能部门成立了美国旅游产业局，即现在的美国国家旅游办公室。除了美国国家旅游办公室，美国其他的一些政府机构也对旅游行业的发展发挥着积极的作用，例如，美国海关负责对国际旅行行为进行检测、美国海运委员会负责航运船只的管理、美国国家公园管理局和林业局负责风景区和旅游设施的管理等。而在非政府组织中，主要是美国旅游行业协会充当美国旅游行业各部门的统一组织，能够为美国的旅行者与来美旅行的游客提供广泛的服务。相较于政府部门的行为，美国旅游行业协会发挥了更为直接，也更为重要的作用。美国旅游行业协会主要有三个促进影响的计划：一是举办探索美国旅游的国际会议计划，这能够为美国直接创造旅游产品销售额；二是举办旅游市场营销前景论坛计划，这能够及时处理旅游中出现的相关问题，并能够为未来的旅行模式提供详细的构想；三是探索美国国内旅游的营销计划，其宗旨是鼓励美国消费者通过各种途径认识自己的国家，产生更多的国内旅游产值。除此之外，美国各州或城市层面也有专门发展旅游的相关机构，一些重点发展旅游行业的城市也有相关机构管理或促进当地旅游行业的发展，这些机构不仅承担着相应的旅游信息发布与宣传的工作，还承担着旅游资源开发的工作。在美国很多的州或城市中，都建立了会议与旅客管理局，这种非营利性的旅游行业组织，能够为该地区旅游行业的发展提供相应的服务，从而保证一个地区通过旅游获得足够的收益。

综合而言，美国旅游行业之所以能够获得较大的发展，能够通过旅游行业创造更多的价值，第一，在于其具有足够的旅游存量，具有能吸引更多外国游客的旅游资源，从而形成了旅游贸易的顺差。目前，美国旅游行业已经成为其汽车、食品销售之后的第三大产业，成为美国经济最重要的支柱力量。第二，高效的管理体系也成为旅游行业发展的关键。美国旅游行业多层次的管理体制以及各级政府之间形成的有效协调都为旅游行业的宣传、促销、培训、标准制定等提供了重要的参考依据。第三，先进的理念为旅游行业的发展提供了可持续的动力，也能够平衡旅游行业中各利益主体之间的利益。第四，经济实力成为美国旅游行业快速发展最重要的基础。旅游行业的发展能够带动经济的发展，反之经济发展也必然会为旅游行业提供足够的支持。足够的经济实力能够为旅游行业提供相应的基础设施建设的条件，从而能够让旅游行业得到更为便利的发展条件。而且良好的经济基础还能够为旅游行业提供优良的信息化条件，从而使得美国的旅游行业能够通过高科技手段提升相应的竞争力。

在美国旅游行业的发展中，需要强调的是一家企业在涉足旅游行业之后，对旅游行业产生的贡献，即美国运通公司。美国运通公司创立于 1850 年，在创立之初，其主营业务是快递运输行业，其后开始涉足快递运输的金融产品，公司在 1915 年正式进入旅游行业，成为美国最大的旅行社，也开始经营旅游行业的旅游支票与汇兑等旅游金融产品。

美国运通公司之所以能够在旅游行业获得成功，最主要的原因在于成功抢占了旅游细分市场。美国运通公司凭借其几十年在旅游行业积累的客户资源，成为全球范围内在旅游行业具有绝对优势的发卡商，迅速抢占了游客以及旅游金融市场，并且与全球的旅游服务产品供应商及旅游商户建立了合作关系。当前，美国运通公司已经成为全球最大的发行航空联名卡的信用公司，而且由于美国运通公司具有足够强的经济实力，其为客户提供的服务及收取的相应费用也是其他公司无法匹及的。美国运通公司在旅游金融方面进行的发展，一方面，为美国居民的旅游提供了旅行的便利；另一方面，也提高了美国旅游行业的税收，对于美国旅游行业来说可谓是“一举两得”。

3.1.2 德国旅游行业发展的经验借鉴

近年来，德国旅游行业发展速度非常快，而这一成果必须归功于工业

旅游。工业旅游是产业旅游的一个重要分支，尤其是近年来随着互联网科技的发展，工业旅游逐渐成为人们“怀旧”的重要方式。由于德国在欧洲属于工业化较早，且工业化转型同样较早的国家，因此就保留了大量的“工业古迹”，这也为德国发展工业旅游提供了良好的机会。德国通过发展工业旅游，创造了大量的旅游行业综合效益，发掘了其中丰富的经济价值与社会价值。德国通过工业旅游的发展，首先，让其成为提升企业形象、增加旅游效益的有效手段。工业旅游的开展不仅能够树立良好的企业对外形象，提升企业管理水平，还能够带动企业的经济增长。尤其是能够让消费者通过工业旅游增加对产品的信任感，无形之中为产品做了更好的宣传，不但带动了旅游行业的发展，还带动了实体经济的发展。例如，德国铁路集团就针对欧洲庞大的蒸汽机车摄影爱好者群体，推出与火车相关的体验旅游项目，这为德国铁路集团的非生产经济收益带来了持续的增长（赵阳和李连滨，2010）。其次，工业旅游还成为德国城市发展的推动力，不但提升了德国的城市形象，还带动了城市的经济发展。例如，在德国最出名的汽车行业中，很多知名的汽车品牌的发展以及这些汽车品牌产生的旅游景点，让更多旅客不但了解了企业，也了解了企业所在的城市。最后，工业旅游也成为提升德国社会效益的有效途径。工业旅游能够面向社会各个阶层的人员，从而让各个阶层更多的市场消费者都能够对工业有更好的认识，让不同的旅游者能够了解到德国的文化。

在德国众多发展旅游工业的地区中，北威州旅游市场的发展具有典型性。北威州位于德国西部，是德国联邦州中人口最多的，也是欧洲人口最为稠密的地区之一。北威州富有煤炭、铁矿等资源，从而具有雄厚的工业发展基础，这也为工业旅游的发展提供了天然的条件。近年来，北威州的工业旅游发展速度非常快，从而创造的经济效益也非常大。北威州工业旅游具有良好的外部条件，一方面，在于强大的经济实力为工业旅游的发展提供了良好的物质基础，北威州是德国经济最为发达的地区，创造的 GDP

（国内生产总值）约占全德国的五分之一，进出口总额也约占全德国的四分之一，这就为北威州发展旅游行业提供了坚实的物质基础，加之近年来北威州政府也从财务层面给予了工业旅游大量的资金支持，从而进一步为北威州的经济发展提供了动力；另一方面，近年来北威州产业结构的转型也提供了工业旅游的机遇，新产业与传统产业的结合以及传统产业的转型升级，为北威州提供了更多的工业旅游景点，例如，通过经济结构转型，北威州将传统的矿山设施开发成博物馆与旅游景点；将废弃的矿井和炼钢厂改造成为博物馆；将废弃的煤渣山改造成为市内滑雪场；以及利用废弃的矿井等开发别具特色的旅游路线等（李洪雄，2011）。

北威州旅游行业之所以能够获得较好的发展，首先，在于政府积极的态度与扶持，德国政府承担了北威州部分煤炭、钢铁企业停产而产生的债务，还通过补贴的形式增加了对一些传统产业的资金投入支持与技术投入支持，利用成本补贴、员工培训、提供咨询等方式解决了传统产业转型过程中出现的一些问题，还加大了传统产业向工业旅游转型中的基础设施投入力度，为工业旅游的发展奠定了基础。其次，会展模式为北威州工业旅游的发展不断注入新的活力。德国是目前世界上会展行业最发达的国家之一，其会展业表现为渗透着德国文化气息的现代经济产业（杨群，2007）。会展行业在德国不仅培育了新兴的产业群，还带动了旅游、交通、住宿、餐饮、金融等相关产业的发展，并创造了大量的就业机会，同时也为北威州提供了一次旅游资源、旅游产品展示的良机，提升了北威州区域和城市的功能和旅游形象。北威州的会展业在德国占有举足轻重的地位，目前位于莱茵河畔的杜塞尔多夫国际会议博览中心，以其先进的多媒体设备和综合性的活动策划和组织服务，成为世界上最主要的交流平台之一，并被世界许多展览中心作为设计蓝本。杜塞尔多夫国际包装机械、包装及糖果机械展览会是全球规模最大、影响最大、最具有专业性的包装展览会之一。杜塞尔多夫国际鞋类展览会也是世界上著名的三大专业鞋展之一，是欧洲

地区规模最大的鞋类博览会。此外，科隆国际家具展也是当今世界最负盛名的家具博览会。同时，科隆五金国际博览会也是全球这一行业内最具竞争力和主导性的博览会。北威州会展行业的发展，积极带动了该区域的社会、经济、文化的进步与发展，也为北威州的工业旅游以及整体旅游产业的发展注入了新的活力。最后，环境的治理为北威州旅游行业的发展提供了可持续的发展空间。德国强烈的环保意识让每一个国外游客都能够深刻地体会到，尤其是在工业旅游这种原先相对重污染的产业发展模式中，当前能够感受到的良好环境更是对国外游客的一种实际冲击。这种差异化的感受更加让人能够体会到工业旅游带来的愉悦感。

3.1.3 法国旅游行业发展的经验借鉴

与德国发展工业旅游不同的是，农业旅游成为法国旅游发展的一个重要选择。法国农业旅游的发展历史悠久，形成了专业农场的发展模式，通过以绿色农业旅游为主导，运用非政府组织来推动和规范农业旅游发展，开发类型各异的农场经营项目，产生了良好的经济效益、社会效益和环境效益。欧洲的农业旅游最早起源于 19 世纪 30 年代，但成长期却非常长，直到 20 世纪 80 年代才真正发展起来，形成了相对完整的农业旅游的规模。由于法国是一个农村地区相对较为广阔的国家，农村地区约占法国国土总面积的九成，农业利用地也约占法国国土面积的六成。由此可见，农业在法国社会和经济发展中的地位是非常重要的。但是，由于法国的农业土地产出率不高，农村地区的经济发展受到了一定的影响。因此法国为了解决这一问题，在很早以前就开始注重发展农业旅游，从而形成了一定的规模。法国农业旅游在发展之初，主要的参与对象是贵族群体，因此一开始农业旅游仅是贵族休闲娱乐的一种方式。而在第二次世界大战之后，法国为了尽快恢复经济，尽快解决农村人口减少、农业发展缓慢、社会老龄化等问题，也为了尽快提高经济发展水平，就推出了农业发展计划和旅游发展计划，旨在将农业与旅游业结合起来，刺激法国的整体消费，也进一步推动旅游业的发展。而且为了更好地发展农业旅游，法国加大了对农村基础设施的资金投入和建设力度，对农村的住房、交通设施进行了大规模的建设和改造，以此提升了农业旅游的住宿条件及交通环境条件，为农业旅游的发展打下了良好的硬件基础。除了硬件层面的支持，法国还在政策层面给予农业旅游极大的支持。1955 年，法国推出了农业旅游发展计划，该计划的主要内容就是为农村的旅游居住场所的翻新、修葺提供足够的资金支持，并组织召开农村旅游博览会（马洁，2016）。该计划明确指出，农业旅游的经营者只能是当地居住的农民，其他外地人不能够在农村进行投资经营，这就保障了农民经济收入不被影响，也有效地保护了农业旅游的自然环境。而且，为了进一步发展农业旅游，创造更多的农业旅游收益，法国政府还与农业、旅游业的行业协会共同制定了专业知识指导和农业旅游的管理条例，进一步助力法国农业旅游的发展。

法国农业旅游特色主要表现为以绿色农业为主导。法国发展农业旅游经济，在实现发展农村经济、提高农民经济收入的基本目的之外，更主要的特色是维系了农村自然风貌的原汁原味，为来自世界各地的游客营造出一个自然、真实、田野风格的旅游环境，从而实现真正的绿色旅游。食物、居住和休闲成为法国农业旅游的主要内容，这其中又包括干农活儿、骑马、狩猎等多项小内容。在实际的农业旅游计划推行过程中，为了突出地方旅游特色，各地农村加大建设力度，通过拓宽道路、修葺房屋保证旅游市场硬件要素的基本完善，通过历史底蕴丰富的乡村风貌、干净整齐的村庄环境带给旅游者们真正全新的感受。从零星式发展逐步过渡到整体发展，法国农业旅游逐渐树立起自身发展的品牌，也逐渐带动其他相关行业的快速发展，并且在一定程度上使法国的农村问题得到了很好的解决。另外，法国开发的各类型农场经营项目，也是法国农业旅游的一大特色。法国的各色农场数量已经超过 100 万个，尤其是中小型农场居多。与单纯的农业种植不同，农场类型表现为多样化的特征，根据这一特点，法国政府制定了以特色专属农场经营为主要内容的农业旅游政策，并调整了农场经营项目，设置了适合农业旅游的特色化项目，如农场客栈、狩猎农场、糕点农场、露宿农场、学习农场、农产品农场等能够给游客提供多项旅游要素的特色农场。为了充分发挥特色旅游农场的旅游效能，法国在20世纪八九十年代还增设了农业旅游服务处，联合其他行业协会、农业专业组织机构等，对法国所有农场进行总体规划，划定了旅游农场的地区，并对所有农场进行了合理组织，形成了以“欢迎到农场旅游”为题目的农场组织网络，通过这个网络，将法国的农场均有机地联系在了一起，这极大地促进了法国农业旅游的经营。

法国农业旅游之所以能够获得成功，其一是因为法国政府为农业旅游提供了相应的政策支持。法国政府意识到了发展农业旅游对于改变农村社会、经济状况的重要性，从而制定了符合法国农村实际的政策法规，而且法国政府在农业旅游经营项目上也做出了正确的选择，根据法国农村的实际情况，让农场成为了农业旅游的主要内容。除此之外，法国政府对于农业旅游的资金支持力度也很大，尤其是在旅游硬件设施上投入了大笔资金，从而彻底改善了法国农村的旅游环境，为农业旅游的发展铺好了道路。其二是因为以非政府行业协会组织为主导管理农业旅游的模式。法国政府让与农业相关的行业协会及组织机构参与到农业旅游的管理中，让非政府组织主导管理农业旅游，从而可以让农业旅游经营者得到及时、专业的技术指导，能够使各行业协会间加强信息交流，减少中间管理环节，这对于法国农业旅游的快速发展起到了很大的促进作用。其三是因为将农民作为农业旅游的经营主体。在法国发展农业旅游的过程中，农民是经营主体，这能够让游客亲自感受到最真实的农业旅游特色，而且不仅提升了农民的经济收入，也避免了投资者过度开发引发的对于自然资源的破坏。其四是因为对于生态环境的保护。与德国开发工业旅游相似，法国在开发农业旅游的过程中，同样非常注重对于生态环保的重视。而且，法国这种对于环境的保护，同样也为游客提供了特色的农场旅游项目，也加强了农业旅游的多元化形式。

3.1.4 瑞士旅游行业发展的经验借鉴

瑞士是世界上发展旅游行业最早的国家之一，而且瑞士丰富的自然资源和人文资源均得到了较好的保护。与其他国家相比，瑞士旅游行业中富含的科学性是其他很多旅游发达国家所不能比拟的，而且瑞士的旅游教育水平也一直处于世界领先地位。瑞士的水力资源非常丰富，利用率高达95%，另外森林面积达到120万公顷，覆盖率达到全国面积的四分之一。瑞士地处北温带，地域虽小，但各地气候差异很大。阿尔卑斯山由东向西伸展，形成了瑞士气候的分界线。同时，瑞士还是一个白色的国度，4000米以上的高山就有40多座。因此，雪山、冰川、湖泊、河流、温泉、奇峰是瑞士得天独厚的六大自然景观，也是瑞士自然旅游资源的特色。与此同时，瑞士的人文旅游资源也非常丰富，主要包括三方面特色：一是名人名居多；二是名城古迹多；三是名馆名院多。而且由于瑞士长年实行中立主义，因此瑞士社会治安良好。整个瑞士的主要城市和古迹都得到了良好的保护。

瑞士政府很早就意识到了旅游行业所能够产生的巨大利益，因此早在19世纪末，瑞士就成立了联邦旅游联合会，以负责瑞士的旅游资源开发与旅游经济开发，并制定了瑞士的发展旅游的政策与中长期规划以及瑞士的旅游法规。另外一个负责瑞士旅游的机构是瑞士国家旅游局，其主要负责瑞士旅游的宣传和推广。瑞士国家旅游局的主要任务是解决游客的参观与游览，同时根据国际旅游组织的信息与游客的心理变化，随时研究和制订新的接待方案，以适应不同游客的差异需要。瑞士国家旅游局将游客接待问题视为影响旅游行业最重要的因素，所以瑞士国家旅游局一方面加强对

 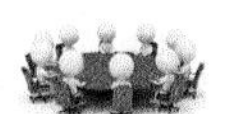

旅游相关服务人员的培训；另一方面也进行旅游的全民宣传，从而提高全民对旅游的重视。通过瑞士国家旅游局的重视，瑞士旅游行业已经形成了较好的产业链与产业群，形成了良性的发展态势（杨敏，2008）。

近年来，经济全球化的发展也进一步推动了瑞士旅游业的发展。目前，国外游客构成了瑞士主要的游客来源，而且国外游客的旅游支出也是瑞士经济的重要组成部分。首先，经济全球化促进了瑞士的交通基础设施建设，瑞士已经形成了世界上最完整的立体交通网络枢纽，而且瑞士的交通体系具有质量高、密度大、隧道长、交通工具质量好等特征，其所形成的旅游线路也非常多（朱勃霖和王乃昂，2010）。其次，经济全球化的发展增加了瑞士旅游行业的就业机会。经济全球化给瑞士发展带来的最明显成效就是增加了瑞士的就业机会与工作岗位，而且在瑞士与旅游行业相关的就业岗位同样非常多。最后，经济全球化的发展推动了旅游行业的特色化发展。全球化加强了瑞士农牧业的发展，增强了当地居民的区域自信心，提高了当地居民的历史文化知识，同时，经济全球化还强化了瑞士世界最大私人银行集聚中心、世界闻名化工产业区的特点，刺激了瑞士成为境外商务旅游的重要旅游目的地国家（朱勃霖和王乃昂，2010）。

3.1.5 意大利旅游行业发展的经验借鉴

虽然意大利在大多数人的印象中更多的是威尼斯的水上旅游或是文艺复兴时期的文化旅游，但意大利的农业旅游同样具有非常好的发展状况，也能够给予非常好的发展经验。意大利的农业旅游主要在托斯卡纳地区，这是意大利南部的一个大区，地理位置非常优越。从2006年开始，托斯卡纳地区就逐渐开始发展农业旅游，其中通过农场发展农业旅游的形式是托斯卡纳最注重的形式。目前，托斯卡纳的农业旅游已经成为意大利的一个整体性的国际旅游品牌，能够为意大利带来良好的经济效益。

从发展过程来看，意大利的农业旅游之所以能够获得相应的成功，首先在于良好的法律保障与政策的支持。意大利政府于1989年颁布了《农业旅游发展保障法》，之后在1995年、2002年、2009年分别进行了3次修订，这部法律是欧盟国家的第一部农业旅游法，而意大利也成为了世界上唯一一个有专门农业旅游法的国家。这部法律的内容相对比较完善，明确了农业旅游发展的目标与方向，确定了农业旅游发展中政府与农场主的职责、权利，规定了农业旅游发展的方式与步骤，界定了农业旅游发展与农业生产之间的关系。该法律已经成为意大利发展农业旅游的依据，这也是意大利农业旅游获得巨大发展的重要原因之一（张瑜等，2012）。而托斯卡纳区作为意大利农业旅游发展最好的一个行政区，《农业旅游发展保障法》对其有重要的指导作用，除了遵守国家法律外，托斯卡纳地区也制定了自己的农业法律，1992年托斯卡纳议会颁布了《农业旅游发展法》，法案中明确规定了农业旅游农场的建设标准、农场建筑设计方案、游客的食材来源、农业旅游收入的用途、农业旅游收入的纳税标准等。这些具体而细致的规定为托斯卡纳地区农业旅游的发展提供了明确而清晰的方向，也大大促进了托斯卡纳地区农业旅游的发展。其次，意大利的农业旅游与农业生产之间具有非常良性的互动。经过多年的发展，托斯卡纳地区的农业旅游整体规模非常大，仅2014年全年的农业旅游收入就突破了50亿欧元。虽然农业旅游能够给当地带来较高的收益与回报，但一直以来，政府与农场主还是有意地控制了农业旅游发展的规模，以此保证农业生产的主体地位。目前，托斯卡纳的农场生产与农业旅游已经形成了较好的互动局面，这种互动是良性的。例如，比萨的安吉蒂诺农场以生产葡萄酒、橄榄油而闻名，这些葡萄酒与橄榄油均是纯天然绿色非转基因食品，游客到农场旅游后，会购买这些特色的绿色农产品。因此，托斯卡纳的农业旅游发展模式既促进了农业生产的发展，又带动了游客的旅游热情。最后，营销手段的现代化也在一定程度上提升了农业旅游的发展。托斯卡纳地区政府有专门的农业旅游网站，游客可以通过网络来查询托斯卡纳地区的农业旅游宾

馆及各种旅游路线。目前，托斯卡纳地区的大部分农业旅游宾馆都有自己的网站，而且这些网站的内容非常丰富，设计也比较新颖，一般包括主页、地理位置、房屋、价格、旅游项目、里程及联系方式等几个板块，网站使用的基本语言也包括意大利语与英语，还会根据各国游客的变化，不定期设置德语、日语、西班牙语及中文。网站的设计也比较亲民，色彩比较柔和，让人一看就能够想到自然的田园风光。此外，通过这些网站，来托斯卡纳旅游的游客还可以查询到农业旅游以外的信息，如艺术、公园、历史遗迹、高尔夫等旅游信息。

3.2　东亚、东南亚国家旅游行业发展的经验借鉴

3.2.1　日本旅游行业发展的经验借鉴

日本的旅游行业同样发展得如火如荼，日本在发展旅游行业，尤其是发展国际旅游行业的过程中，根据旅游在不同发展阶段的不同特征，通过制定各种规章制度、各种规划、各种战略措施，有效地促进了日本国际旅游行业的发展。

日本国际旅游行业的发展主要经历了三个阶段。第一个阶段是1945—1963年的国际旅游恢复时期。在这个阶段，日本一方面整顿旅游环境，向世界进行宣传，从而扩大入境旅游，通过不断颁发新的旅游法案的方式改善旅游环境，从而满足国际游客的旅游需求，以此提升日本旅游的服务质量；另一方面，开展旅游基础设施建设与旅游资源的开发，通过不断地改善经济环境，提升旅游行业整体对经济的促进作用，通过完善基础设施建设，进一步开发旅游资源。第二个阶段是1964—1991年的出境旅游发展时期。在这个阶段，日本通过法律的形式明确将旅游行业确定为一个新兴的第三产业进行发展，还制定了《海外旅游倍增计划》，以此鼓励日本居民

出境旅游，同时对旅游行业的相关事宜进行了相应的规定。日本还设置了专门负责旅游行业推广的机构，专门处理旅游行业的相关事务，以此推动旅游行业的迅速发展。同时，日本在金融领域放宽了日本居民出国旅游的政策，并且提升了日本居民出境所携带的现金数额。第三个阶段则是1992年之后的入境旅游发展时间。在这个阶段，日本政府颁布实施了不同的促进日本入境旅游的法律法规，并不断调整相应的战略目标，规划了日本的国际旅游主题地区，提出了《旅游广域地区联合构想》，充分发挥了日本的区域国际旅游竞争优势。与此同时，日本还积极开展国际旅游合作，与世界各国，尤其是东亚各国之间展开了广泛而深入的旅游合作，以此扩展国际旅游市场，并提升日本旅游行业的影响力（凌强，2008）。

日本在对旅游资源的开发与管理过程中，对于旅游资源、旅游环境的管理与保护做得非常好，一方面政府非常重视对旅游资源及环境的保护；另一方面也通过相应的制度、法律等进行了相应的规范（乌恩等，2002）。日本政府的环境厅、农林水产省、建设省、国土厅、文化厅等部门及其派出机构负责旅游相关政策的制定、执行及旅游资源的开发、管理和环境保护。为了掌握全日本的自然环境及其变化，日本环境厅已经进行了六次全国范围的“自然环境保全基础调查”，被称为“绿色人口普查”，每一次普查结果都对旅游相关行政管理产生了很大的影响。在协调旅游开发与资源环境保护的关系方面，《观光基本法》《国土利用规划法》《环境基本法》《自然公园法》《都市公园法》《自然环境保全法》《文化财产保护法》《古都保护法》《森林法》《农地法》《鸟兽保护法》《温泉法》《海岸法》《都市计划法》《生产绿地法》《以维护城市景观为目的的树木保存法》《市民农园整备促进法》和各个都、道、府、县的《自然保护条例》等相关的法律、法规等都发挥着基本的保证作用。

另外，在日本旅游行业发展的过程中，必须要提到行业协会所产生的作用。在日本，有许多与旅游产业密切相关的行业协会，其中包括日本旅

行业协会、日本旅游协会、全国旅行业协会、日本观光翻译协会、国际观光日本西餐馆协会、全国农协观光协会、日本修学旅行协会、日本宾馆协会、全日本城市宾馆联盟、国际观光宾馆联盟、日本观光宾馆联盟、日本民宿协会、国际观光设施协会、日本温泉协会、日本宾馆教育中心、日本经济型观光宾馆联盟、日本导游服务协会、日本宾馆酒吧店主协会、国际观光服务中心、日本海外旅行社协会、地方传统技艺活用中心、亚太观光交流中心，等等（张建民，2012）。这些协会，尤其是日本旅游协会和两个旅行社协会，即日本旅行业协会和全国旅行业协会，都围绕着代表和维护各自行业的共同利益和会员的合法权益这一主题开展活动，为会员服务、为行业服务、为日本政府服务，从而在政府和会员之间发挥桥梁纽带作用，也都在为促进日本旅游产业的持续、快速、健康发展贡献力量。

3.2.2 泰国旅游行业发展的经验借鉴

泰国是一个旅游资源非常丰富的国家，无论是自然资源还是人文资源，都具有发展旅游行业得天独厚的优势。泰国旅游资源的丰富性一是表现为优美的自然环境；二是表现为众多的历史文化遗迹；三是表现为独特的民族风情。泰国自身的地理位置优势和便利的交通，为泰国提供了吸引更多游客的机会，尤其是能够吸引更多的中国游客。

为了发展旅游行业，泰国政府做了非常多的工作。由于旅游行业的发展是一个涉及多行业、多部门协同发展的系统工程，因而政府部门对于交通、通信、旅行设施、住宿等基础设施的建设非常重视。泰国政府对于旅游行业的开发政策是坚持“基础先行、开发同步”的方针，在实现优先、超前发展旅游设施的同时，大力开发旅游资源，建设旅游景点，并较好地将旅游资源开发、旅游景点建设和弘扬民族文化紧密结合起来。

泰国旅游业发展的特点，第一是打造了精品线路。泰国旅游业发展离不开精品线路的打造与开发（李瑞霞，2006）。泰国旅游行业经过多年的发展，形成了以“曼谷—芭提雅”为主要代表的泰国旅游精品线路。曼谷是一座散发着独特文化与民族韵味的城市，既有现代化的高楼大厦，也有超过400座金碧辉煌的寺庙和传统的高脚屋。而芭提雅则历来就是世界各国游客度假的天堂，美丽海滨和精彩丰富的夜生活对游客充满诱惑力，游客可选择适合自己的旅游项目，或可欣赏热带海滩的迷人风光，或可徜徉于灯红酒绿之中。“曼谷—芭提雅”的这条旅游线路完整地将泰国的自然风光与人文风光展现给国外游客。第二是融入泰国的文化内涵。泰国旅游行业非常注重自然风光与民族文化之间的相互结合，从而让在泰国旅游的游客充分地感受到浓厚的文化底蕴。第三是泰国政府对旅游市场的规范。泰国政府对旅游行业具有非常规范的管理，例如，泰国的导游具备非常高的综合素质，能够提供高质量的服务，而且泰国还加大了旅游培训对象的服务范围，使得包括泰国的乡村在内都具有自己的旅游推广和服务机构，这就无形中增加了泰国旅游行业的消费空间。第四是泰国政府会有针对性地开发旅游市场。泰国政府会针对不同地区游客的不同喜好，针对旅游景点、餐饮住宿、消费等提供新的规划，从而可以不断扩宽旅游市场，让消费者感受到类似“私人订制”式的旅游服务。第五是营造宽松的旅游外部环境。泰国政府非常重视泰国旅游行业的外部环境，因此建立了便利的交通设施，形成了良好的旅游管理体系，这使得在泰国旅游不但便利，而且安全、舒心，旅游景区秩序井然，当游客出现各种问题时，都能够及时地寻找到能够给予帮助的人。

泰国政府对于旅游行业的开发与管理，对泰国旅游行业产生了良好的效果。首先，泰国的旅游行业资源得到了良好的开发。泰国政府对于旅游行业的开发，使得泰国的旅游资源得到了合理且有效的利用，例如，芭提雅海滩就由原先荒凉的渔村发展成为特区，从而得到进一步发展的机会，成为每年接待游客超过200万人的“东方夏威夷”。其次，泰国旅游行业的发展还带动了其他行业的共同发展。旅游行业在泰国的发展，不但为泰

国带来了更多的就业机会，也为泰国居民带来了直接的经济收入，目前，泰国有约1/4的劳动力从事与旅游相关的工作。泰国的经济发展虽然经历了类似东南亚金融危机等的波折，但由于有旅游行业的支持，最终都得到了恢复。最后，旅游行业的发展提高了泰国的国际知名度。由于泰国旅游行业的持续发展以及泰国政府对于泰国旅游的重视，每年都有大批的国外游客进入到泰国，这无形之中就宣传了泰国，增加了泰国的知名度，并让泰国在国际上享有了较好的信誉与知名度。

在泰国旅游行业的发展中，旅游企业也起到了重要的作用。泰国的旅游企业数量非常多，其中皇家珠宝国际有限公司、皇家蛇药、皇家旅游餐厅、曼谷皮具中心、OA旅游大巴运输公司这五家企业是泰国最大的旅游企业。这五家公司均是泰国“零负团费”旅游团接待的巨头企业，其业务和分支机构已经遍布全泰国的大多数热门旅游景点，其中，OA旅游运输公司曾经拥有可出租的旅游车辆超过7000辆，其资产总额高达100多亿泰铢。

3.2.3 新加坡旅游行业发展的经验借鉴

旅游行业作为新加坡的支柱产业，发展速度非常快，为新加坡的经济发展提供了支持，使新加坡成为东南亚国家中为数不多的发达国家之一。新加坡是马来半岛最南端的热带城市岛国，具有天然的地理优势，北隔柔佛海峡，与马来西亚紧邻，有长堤与马来西亚的新山相通；南隔新加坡海峡与印度尼西亚相望，西南临马六甲海峡，且地处太平洋到印度洋、亚洲到大洋洲的“十字路口”，是亚、欧、非、大洋四大洲的海上交通枢纽，因而具有发展旅游行业得天独厚的天然优势。

新加坡旅游之所以能够得到良好的发展，首先，在于其能够因地制宜地发展旅游行业。新加坡从本国的实际情况出发，利用其特殊的地理位置，打造国际通商口岸、免税购物中心、美食天堂、国际会议和国际金融中心，使得新加坡成为东南亚名副其实的区域中心。而且新加坡利用相应的政策优势，设立免税港，来往新加坡的货物品种繁多，种类齐全，而且价格便宜，这让很多游客会特意为购物而到新加坡旅游，加之新加坡也利用自身的地理位置优势，将临近的东南亚各国旅游资源都转化为本国发展旅游行业的有利条件，从而也加速了新加坡本国旅游行业的发展。其次，新加坡非常注重历史特色，能够利用自身长处进行发展。虽然新加坡的国土面积较小，自然资源并不丰富，但其地理位置的特殊性，使其能够融汇东西方文化特色，形成了丰富多彩、兼收并蓄的特点。因此，新加坡针对一些特色的民居，进行相应的保护与修葺，使之成为旅游景点，让外国游客感受到东西方的文化差异。最后，新加坡政府非常重视旅游环境的保护与旅游环境意识的树立，营造了一个适合发展旅游行业的环境氛围。新加坡政府在 1973 年就开展了全国性的植树造林活动，还从世界其他热带地区引进超过两千种植物。由于新加坡政府的重视，新加坡的环境得到了极大的改善。另外，新加坡政府对旅游行业的管理与规划也起到了重要的作用。新加坡政府为了发展旅游行业，建立了完善的公共服务体系，并投入了大量的资金，建设了完备的基础设施。此外，新加坡政府还非常重视对旅游人才的引进与培养。新加坡政府非常重视对高学历、高技术的旅游国际化人才的引进与培养，而这也成为了新加坡旅游行业保持持续发展的人才基础与发展动力。

3.3 中国港澳台地区旅游行业发展的经验借鉴

3.3.1 香港旅游行业发展的经验借鉴

旅游行业是香港发展的支柱产业，也是香港服务业中发展势头最为强劲的行业，受到香港特区政府的高度重视。

 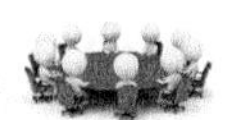

香港具有非常丰富的旅游资源与设施。首先，虽然香港并没有独特的自然环境，但人文旅游却能够为香港带来足够多的游客。香港拥有全球第五个，也是中国境内第一个迪士尼乐园，而且香港迪士尼乐园中的部分设施是全球独有的，如“飞越太空山”的背景音乐、装饰图像以及灯光等就与美国不同。香港迪士尼在上海迪士尼未建成前，能够辐射香港、中国内地、中国台湾、东南亚以及韩国。而且香港特区政府还对迪士尼进行了足够的宣传，特区政府与业界一并赴东南亚及内地进行推广与宣传，从而增加迪士尼的知名度，并吸引了更多的游客来迪士尼旅游与消费。其次，香港的酒店行业发展速度也非常快。由于到港旅游的游客数量非常多，甚至一些在澳门旅游的游客也会选择在香港住宿，因而香港的酒店业具有非常好的业绩表现，每年的营业收入都保持着上升趋势。最后，随着香港旅游行业的发展，香港旅行社同样具有良好的发展空间与潜力。香港政府为了保证旅游行业服务质量的提升，举办了多项旅游培训课程，而且规定旅游从业者必须通过培训且获得相关资格证书后，才能够在香港进行相应的旅游从业。另外，会展业的发展也为香港旅游业的发展给予了支持。香港会展行业每年都会开展相当数量的展览活动，参加香港会展的游客人数也逐年增加，尤其是香港的国际博览馆的成立，更是增强了香港会展业的竞争力。除此之外，香港便利的航空服务也同样为旅游业的发展提供了良好的机会。香港国际机场是全球最佳的机场之一，无论是吞吐量还是香港机场的服务，都让到香港旅游的境外旅客享受到足够的便利（庄敏，2006）。

近年来，由于一些特殊因素，香港旅游行业进入了一个短暂的调整期。因此，香港特区政府适时地调整了旅游行业的发展策略，向多元化及吸引高增值过夜旅客的方向发展，并以平稳、健康及长远发展旅游行业为目标。香港特区政府分别推出短、中、长期措施，进一步扶持香港旅游行业发展。尤其是在当前“一带一路”的背景下，香港需要在参与“一带一路”建设中重塑旅游形象。“一带一路”在扩大沿线国家和地区人民友好来往与合作的同时，为香港旅游行业的发展带来了空前的机遇。值得指出的是，香港的总部经济发展极为迅速，驻港地区总部公司数目超过千家，尤其是在内地游客中，商务游客所占比例就超过两成。总部经济的快速发展，反映了香港经济发展的活力和对跨国公司的巨大吸引力，同时也会带动商务会议旅游的发展。

3.3.2 澳门旅游行业发展的经验借鉴

澳门在回归祖国之前的经济结构主要以博彩业、制造业、金融业以及房地产业为支撑，其后随着世界经济格局的变化，制造业、金融业以及房地产业也都逐渐失去了已有的优势，而博彩业以及博彩业带动的旅游业的产值却持续上升，成为澳门的龙头产业以及拉动澳门经济的主要原动力。澳门政府在2000年就已经制定了以“旅游博彩业为龙头、服务业为主体、其他行业协调发展”的经济政策，而我国的“十一五”规划同样也明确提出应“支持澳门发展旅游等服务业，促进澳门经济适度多元化发展”。由此可见，国家在政策层面已经给予了澳门发展旅游业足够的支持。

然而，需要指出的是，由于澳门的旅游行业主要以博彩业为主导，这也导致了澳门旅游行业，甚至是澳门经济发展中存在结构单一、发展不稳定、脆弱性较强、抵抗风险能力过弱的问题，这也是澳门经济可持续发展最大的障碍。因此，澳门旅游行业要想发展，就必须进行多元化的发展，通过多元化的途径带动澳门整体经济的发展。

当前，澳门旅游行业在发展的过程中面临巨大的压力，具有多元化发展的迫切性。首先，邻近地区博彩业的发展增加了澳门博彩业的竞争压力，降低了澳门旅游行业的比较优势。澳门的博彩业面临着日益激烈的竞争，随着周边国家及地区博彩业的发展，例如，马来西亚在吉隆坡近郊云顶山建立的“云顶赌场”，韩国发展的博彩业以及菲律宾发展的博彩业，降低了澳门博彩业的收入。其次，过分依赖博彩业而导致的其他旅游行业

吸引力过低问题，也影响了澳门博彩业的进一步发展。由于大多数来澳门旅游的游客都以博彩为主要目的，从而使得很多人对于澳门的印象仅停留在博彩业，对于澳门其他的旅游资源不会产生过多的留恋感，加之澳门本身自然资源较少、景点细小、功能单一以及游客参与度较低，因此游客在澳门进行观光旅游的时间较短，这就会显得旅游资源非常单薄。另外，由于澳门与香港之间距离过近，交通便利，很多赴澳门的游客都会选择在香港留宿，这也使得澳门损失了相当多的旅游资源。

因此，澳门进行了多元化的旅游资源开发，创造了更多的旅游机会。澳门旅游行业的多元化行为分为本土多元化与外延多元化两种模式。其中本土多元化是指对澳门本岛旅游资源的深度挖掘、整合与包装，并进行对外的宣传与推广，从而保证游客除了在澳门参与博彩之外，还可以在其他旅游资源进行消费。一方面，澳门利用自身独特的地理位置、历史特色以及中西合璧的建筑，打造多元文化交流的旅游资源，创造相应的文化旅游景点，从而为澳门旅游行业注入新的活力，尤其是利用澳门中西合璧文化下的建筑特色，打造特殊的“建筑游”，从而在宣传澳门历史的基础上，拓展澳门旅游的多元化特色；另一方面，利用澳门拥有的专题博物馆特色，通过购物带动旅游行业的发展。澳门拥有众多的专题博物馆，这些博物馆的特点可以归纳为“多”“小”“精”，这就具有足够的吸引游客的能力。同时，澳门也具备足够的吸引游客购物的实力，可以利用其低税率的政策，吸引更多游客在澳门购物，这不但会带动澳门的旅游行业，还可以带动整体经济的发展。外延多元化则是指在澳门本土以外的地段进行旅游区域合作，从而扩展澳门旅游行业的发展空间、发展方向以及获得更多的机遇。由于澳门地理位置的限制，需要进行区域融合发展旅游行业，这可以延伸澳门旅游的市场范围，也能够吸引更多的游客来澳门旅游。其实，澳门具备进行区域旅游的地理优势，澳门背靠国内的珠江三角洲，与香港、广州之间的距离也非常近，从而辐射的旅游腹地其实非常广阔（许辉春，2012）。因此，澳门已经开始与粤港澳合作“大珠三角”旅游合作，开发了大珠江三角洲的旅游信息平台，打造了共同的旅游国际品牌。同时，粤港澳三地已经实现了区域旅游中的旅游交通无障碍、旅游信息共享无障碍、旅游政策无障碍，从而使粤港澳之间的“个人游”变得非常便捷（邓艳萍，2006）。最后，由于澳门的历史原因，澳门还利用与葡语国家之间的关系发展旅游关系。2003 年 9 月，“中国—葡语国家经贸合作论坛”在澳门成立，这使得澳门与葡语系国家之间在文化、旅游等方面的联系更为密切，增加了葡语系国家游客赴澳门旅游的机会。

另外，在澳门自身旅游发展的过程中，必须提到会展对澳门旅游行业产生的贡献，这也是目前澳门旅游行业中的主导产业。据澳门会议展览业协会统计，现在每年在澳门举办的会展活动数目超过 300 个。位于金光大道的威尼斯人酒店是亚洲最庞大的会议展览中心之一。拥有占地 75000 平方米的展览场地，超过 23000 平方米的会议及宴会场地，6500 平方米宴会厅及 108 间会议室，而澳门渔人码头则可以提供 2740 平方米的展览场地。会展行业，特别是国际会展行业，具有组团规模大、客人档次高、消费额高、停留时间长、涉及相关服务行业多、利润丰富等特点，发展会展旅游有利于澳门旅游新产品的开发和展示，促进澳门旅游服务城市建设，摆脱传统的单一博彩行业的形象束缚，从而对于澳门旅游业的健康、多元地发展具有重要的意义。

3.3.3 台湾旅游行业发展的经验借鉴

台湾具有丰富的旅游资源，包括自然风光产生的自然景观旅游、人文风光产生的文化旅游、各种特色商品产生的消费旅游等。但是在台湾众多的旅游资源中，休闲农业与乡村旅游成为台湾旅游行业中重要的发展特色，也推动了台湾整体旅游行业以及台湾整体经济的发展，成为台湾农业以及台湾旅游业发展的主流方向。

台湾休闲农业旅游的发展源于1965年第一家观光农园的成立，而在20世纪70年代末台湾开始开放成熟的果园，观光农业逐渐兴起，到了1980年台北市木栅区的指南中开始创设“木栅观光茶园”，这开启了台北市观光农园的先例，标志着台湾休闲农业的正式开始。1983年台湾地区相关部门制定了《发展观光农业示范计划》，使农业游客的各项工作逐步走向正规化和程序化。80年代后期，观光农园向内容更丰富的休闲农业发展，而在90年代初，市民农园开始出现。2003年，“台湾休闲农业学会”成立，开展休闲农业研究并提供相关知识及咨询，使台湾休闲农业的经营与发展更加具有专业性。此间，休闲农场成倍数增长，1980年以前只有33家，1989年年底有141家，1994年有610家，2003年年底就已经超过一千家，形成了将农业生产、生活和生态融合的“三生”一体的新型综合产业，实现了观光、住宿、餐饮和娱乐的综合，休闲农业与乡村旅游呈现多元化发展（何艳琳，2013）。

台湾休闲农业旅游的发展首先得到了台湾当局的积极引导与支持。台湾休闲农业的发展，与台湾当局的大力扶持并及时制定各种策略、规定具有紧密的关系。中国台湾当局积极推行《发展观光农业示范计划》，加强对休闲农场的管理及行销、教育、培训等辅导。经过中国台湾当局核准的休闲农场在经营上能够得到优惠的政策。而且，休闲农场的专项经费由当局拨出支持，这些经费一般包括修建从农场的主路到支路、水利工程，教育农园的补助、组织、宣传等费用（林文超，2011）。其次，中国台湾当局加强对农业旅游从业者的培训，以此提升台湾休闲农业旅游的服务质量。只有从业者不断学习创新，逐渐提高经营管理能力和各项技能，才能迎合不断变幻的旅游行业市场和不同需求的消费者。中国台湾当局经常组织各种辅导班、培训班，还邀请行业专家学者做报告，同时还会组织经营者参加省外考察。在台湾，几乎每一个主营休闲农场的经营者都接受过培训，除了出省考察外，其他各项活动均能够获得资助。最后，台湾休闲农业的园区建设均具有合理的规划。台湾休闲农业旅游的发展非常重要的经验就在于规划好且布局合理。台湾休闲农业园区的线路都被规划在旅游线路上，有机地结合了有效资源，保证了客源量。此外，台湾农业主管部门还推动“一乡镇一休闲农业区”的计划，利用占全台面积1/2以上的森林资源，发展生态旅游，筹建步道，与民宿、观光农园结合，进一步推进农业转型。农委会与休闲农业学会合作推动了园区和农业旅游景点的检查评证，并颁发认证标志（林文超，2011）。

在台湾农业休闲旅游发展的过程中，能够突出体验旅游且突出主题特色，也是台湾农业休闲旅游获得成功的重要因素之一。台湾在农业休闲旅游规划中非常重视体验式旅游的设计，几乎每一处旅游景点都设有体验的活动，如采摘果实、品尝风味餐饮、体验农作、享受教育解说服务、体验教学活动等，从而增强游客的参与性。例如，台湾苗栗县大湖酒庄，以草莓入手，开发了系列产品，游客可种植草莓、制作草莓冰激凌、生产品尝草莓酒、购买草莓伴手礼等，还可以参与各种与草莓有关写作、绘画、摄影、竞赛等活动。这种体验式旅游不仅可以加强游客对旅游点的印象，挖掘旅客的消费能力，还将吸引旅客再次游览（陈基香，2014）。因此，台湾农业休闲旅游深入挖掘当地的各种特色旅游资源，融入文化，突出主题，创造“回忆”，抓住游客的心，这就使得台湾的农业休闲旅游别具风情。目前，台湾不同的县、市，有着不同风格特色的种植园、养殖园等，这也是台湾乡村旅游发展的成功经验。

3.4 国际经验借鉴

虽然随着中国经济的发展，目前中国的旅游行业发展速度非常快，也具有非常良好的发展空间，但在世界范围内发展较好的国家和地区，在旅游行业发展方面的经验同样应该重视且进行良好的借鉴，这对于中国旅游

行业的进一步发展，尤其是吸引更多的境外游客来中国进行旅游与消费，以此提升旅游行业的经济效益，提升旅游行业企业的经济效益，都是非常有必要的。

3.4.1 加强政府的政策引导与投入力度

目前，中国旅游行业的发展历史并不长，因此相关政策并不完善，这就使得旅游行业，尤其是一些旅游行业的子行业，还没有得到强有力的政策支持。从前文的分析来看，很多国家的旅游行业在发展初期都得到了来自政策层面的支持。因此，应从政策层面进行相应的引导，尤其是地方政府的引导。通过政府的引导作用，统筹安排旅游行业的发展事务，尤其是能够让旅游行业以及旅游行业涉及的相关行业之间进行沟通，降低旅游行业发展的成本，并以此协调旅游行业发展过程中出现的问题。

另外，还应该加强对旅游行业的投入力度，创建更多的旅游行业企业，鼓励旅游行业进行多元化的发展，以此增强旅游行业解决地方就业问题的能力、对地方经济发展的促进以及对地方形象的建设。可以设立旅游行业，尤其是旅游子行业的发展专项基金，以此加大对旅游行业的资金支持力度。另外，还需要从政府层面加强对旅游行业的基础设施建设，以此降低旅游行业企业的综合经营成本。鼓励旅游行业企业进行多种的经营模式，在实现旅游行业发展多样化的基础上，提升旅游行业企业的效益。

3.4.2 建立各旅游行业的协会

从旅游发展较好的国家的经验来看，旅游行业协会能够在旅游行业的发展过程中起到重要的作用，一方面能够起到对旅游行业发展的支持作用，另一方面也能够在旅游行业中出现问题时，起到协调、监督作用。尤其是在当前，很多中国旅游景区纷纷出现游客与经营者存在纠纷的问题，若是有行业协会的存在，能够在一定程度上厘清纠纷中不同利益者的利益问题，既能够保护游客的利益，也能够起到保护旅游企业利益的作用。另外，行业协会的存在，还能够为旅游行业出谋划策，进行统一规划并起到促进发展的作用，避免旅游行业的短视行为，以保证可持续发展。再者，在旅游行业下的各个子行业中都设立行业协会，以此也能够协同不同旅游行业之间的利益关系，从而减少中国旅游行业之间的恶性竞争，保证中国旅游行业的共同发展。

目前，虽然一些旅游行业已经具有自己的行业协会，但很多行业协会并没有能够起到足够的作用。因此，也应该从政府层面组织并规范行业协会的建立与日常工作。由相关部门牵头引导各旅游行业以及各旅游行业涉及的行业，共同建立行业协会以及主导和管理所涉及的旅游行业的发展，并且应由行业喜欢制定整个旅游行业发展的标准与规划，以此规范旅游行业的发展。

3.4.3 重视旅游环境的保护

在中国经济发展的过程中，对于环境的破坏是非常严重的，而旅游行业又对环境具有非常高的要求。从旅游发达国家和地区的发展状况来看，只有旅游环境得到较好的保护，才能够吸引更多的游客。因此，应以可持续的方式开发旅游行业，将保护生态环境放到非常重要的位置。当前，已经有一些地区在发展旅游行业的过程中，由于旅游资源的开发无序、对旅游资源和旅游环境保护的不重视，有些地方出现了过度开发、破坏环境、浪费资源等问题，损坏了旅游资源原有的生态环境和自然风貌，造成了对旅游环境和资源的严重破坏，最重要的是影响了最基本的旅游资源，这对于中国的旅游行业持续发展是非常不利的，尤其是不利于中国旅游行业的可持续发展。

因此，应借鉴旅游发达国家的经验，尤其是法国、意大利等发展农业旅游的国家的经验，以可持续的方式开发绿色旅游模式。应该加强对绿色

旅游资源与模式的整治，取缔一些对环境和资源不利的旅游项目，合理利用旅游的综合资源，坚持以绿色旅游以及可持续旅游发展的开发原则，保护好旅游资源和旅游生态环境。

3.4.4　塑造良好的旅游目的地形象

保证对环境的保护，降低对环境的破坏以及对环境的依赖性，本身就是塑造良好旅游形象的重要途径。而当前在中国很多旅游景区出现的游客与商家之间的冲突、矛盾等，在很大程度上也破坏了旅游景区以及旅游行业的形象。虽然对旅游目的地的形象建设并不能够实质增加旅游资源，但却能够增强游客对旅游景区的喜好程度、依赖感与信任感，会吸引更多游客的注意。

因此，无论是从政府层面，还是从旅游企业的层面，都应该加大对旅游资源的宣传力度。通过广告、电视、互联网等媒体进行多层次的宣传，扩大宣传范围和对象，例如，很多省市都在央视宣传自己的城市，宣传相关的旅游景点、旅游资源或是旅游特产，很多城市还打造了自身的旅游品牌与旅游名片。另外，通过自身旅游资源的宣传，让到本地旅游的游客向自己身边的人进行宣传，或选派形象大使到世界各个国家宣传其旅游资源，还可通过给游客发放宣传旅游景点材料的形式达到让大家了解的目的，增强认识。各地方政府及旅游企业还可以和世界其他国家或地区的旅游经济合作，通过合作，既实现优势互补、扩大客源市场、增强区域旅游的吸引力和竞争力，又达到向外宣传的目的。

4 中国旅游行业多元化经营现状与原因

在中国经济发展的过程中，旅游行业是一个相对于其他行业更为特殊的行业。一方面，随着中国经济的发展，更多的人开始用闲暇时间进行度假休闲，选择走出自己日常居住的城市，饱览祖国的大好河山，这对于中国旅游行业的企业来说是一个发展良机，尤其是在2000年后，很多城市的旅游企业如雨后春笋般发展起来；另一方面，近年来随着互联网技术及移动互联网技术的发展，一些“80后”与“90后”逐渐成为旅游行业企业服务的主要对象，他们更加倾向于利用移动互联网技术，自由地进行旅游休闲度假，这对传统的旅游行业也产生了严重的冲击。因此，在这一背景下，旅游行业企业为保持持续发展的动力，就需要进行多元化经营的模式。而在目前的中国资本市场中，旅游行业企业的多元化经营现状如何？旅游行业上市公司通过多元化经营的模式是增加了收益还是降低了风险？这就是本章要研究的重要问题。

本章分为五节，第一节对多元化测度方法进行确定，并对样本数据进行说明；第二节则在描述旅游行业上市公司经营行业的基础上，测算中国旅游行业上市公司多元化的年度现状趋势；第三节检验中国旅游行业上市公司多元化对经营绩效产生的相应影响；第四节则检验中国旅游行业上市公司多元化对经营风险产生的相应影响；第五节是对本章研究的结论进行相应总结。

4.1　旅游行业多元化的测度方法描述

4.1.1　多元化测度方法选择

对于多元化的衡量指标有很多，不同文献从不同视角进行了不同的衡量。有的文献从企业经营的行业或产品是一个还是多个的角度进行衡量，认为只经营一个行业或产品的企业属于专业化企业，而经营多个行业或产品的企业则属于多元化企业。然而，这种二元化的判断方式仅能够判断出企业属于多元化还是专业化的经营模式，却并不能对同是多元化经营的企业区分多元化经营的程度。例如，同样两个资本规模相似的企业 A 与 B，其中企业 A 经营除旅游行业外的另外一个行业或产品，而企业 B 则经营除旅游行业外的另外三个行业或产品，但仅通过二元测度方法，并不能够区分企业 A 与企业 B 的多元化经营差异。因此，本书认为，利用综合指标衡量企业多元化程度更为合理。然而，即使综合衡量多元化程度，相应的衡量指标也很多。例如，Fan 和 Lang（2000）就利用行业间和企业内部各个部门之间的垂直相关性系数和互补性系数作为衡量企业多元化经营的指标，但这种方法就并不适用于中国资本市场，因为中国上市公司的部门层面数据并不具有相应的可得性。所以，本书参考张敏和黄继承（2009）、王福胜和宋海旭（2012）、陈立泰和徐静（2012）对于中国各类上市公司多元化程度的测度方法，以赫芬达尔指数（*HHI*）和熵指数（*EI*）两种方法测度中国旅游行业企业的多元化程度。

1. 赫芬达尔指数

赫芬达尔指数（*HHI*）最初并非是衡量企业多元化程度的，而是在宏观经济方面衡量产业集聚度的。然而，地区产业集聚度的衡量方式被部分文献借鉴到对多元化的衡量中，这是因为同一地区不同产业的聚集与一个企业不同经营行业的聚集，具有相似性。也就是说，可以将一个企业视为一个地区，企业每经营一个行业就相当于地区发展一个产业。

具体而言，赫芬达尔指数的衡量公式为：

$$HHI = \sum P_i^2 \tag{4-1}$$

在式（4－1）中，变量 P_i 代表企业所经营的第 i 个行业的营业收入占全部营业总收入的比例，然后将每一个行业的 P 值取平方值后相加求和。根据式（4－1）的计算方法，赫芬达尔指数的取值在 0 到 1 之间，其中赫芬达尔指数越高，意味着企业的专业化程度越高，多元化程度越低，当企业完全专业化，即仅经营一个行业时，则 P 值的取值将会为 1，而 HHI 取值同样为 1；赫芬达尔指数越低，则意味着企业的专业化程度越低，多元化程度越高，尤其是当企业经营的行业数量较多，且经营的不同行业之间的营业收入差距并不大时，则赫芬达尔指数会变得较低（从变量计算方法来看，赫芬达尔指数会无限小并接近于 0，但不会取值为 0）。

2. 熵指数

熵指数（EI）的计算思想与赫芬达尔指数相似，都是利用企业经营的不同行业的营业收入占据总营业收入比值作为最基础的衡量标准，但熵指数的具体计算公式与赫芬达尔指数不同，熵指数的衡量公式为：

$$EI = \sum P_i \ln(1/P_i) \tag{4-2}$$

从式（4－2）的计算方法来看，熵指数的计算结果与赫芬达尔指数的计算结果正好相反，熵指数的取值同样在 0 到 1 之间，但企业多元化程度越高，专业化程度越低，则熵指数取值越大，越接近于 1；相反，企业多元化程度越低，专业化程度越高，则熵指数取值越低，当企业为专业化经营模式时，则熵指数取值为 0。

4.1.2　样本数据说明

近年来，随着中国整体经济发展水平的提升，越来越多的人开始将旅

 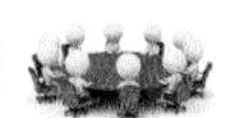

游作为休闲度假的首选，从而也就使得中国旅游行业企业的经营状况得到了良好的提升，很多旅游行业企业选择通过资本市场融资获得更好的发展。考虑到公开上市企业对于信息的披露，本书选择采用在中国 A 股上市公司中的旅游行业上市公司为原始样本，并进行相应分析。

根据证监会在 2012 年对于上市公司行业分类的修订，将原先的旅游行业分别分布在住宿和餐饮业（H）、商务服务业（L72）及公共设施管理业（N78）中，本书结合证监会 2001 年的《上市公司行业分类指引》与 2012 年的行业分类修订，对样本进行相应的选择，并在原始样本的基础上，剔除特别处理的公司样本、当年度上市的公司样本、缺失数据且无法补充的公司样本。

另外，考虑到 2007 年新会计制度准则在中国上市公司中的全面实施，为了更好地统一样本指标选择，保证会计指标衡量的一致，本书将样本窗口定义为 2007—2014 年。

最终，本书得到 2007—2014 年 205 个中国旅游行业上市公司样本（各年度样本数量列为表 4-1）。本书数据来源于国泰安数据服务中心、CCER 经济金融数据库以及各上市公司定期财务报告。

表 4-1　　各年度样本分布状况

年度	2007	2008	2009	2010	2011	2012	2013	2014	合计
数量（*N*）	20	23	23	24	25	29	30	31	205

4.2 旅游行业上市公司多元化的统计状况分析

4.2.1 旅游行业上市公司经营行业分布分析

在旅游行业上市公司中，由于不同公司主营的旅游行业具体项目不同，因此不同公司在分行业披露营业收入时的主营业务描述情况就不同，即使从事的均属于旅游行业，有的公司披露为“旅游服务”，有的公司则披露为“旅游业”，还有的公司则会进行更加细致的披露，如“酒店收入”“餐饮收入”“会展收入”等。2007—2014 年 205 个旅游行业上市公司所涉及的经营行业情况如表 4 - 2 所示。

表 4 - 2　　样本上市公司经营业务分布状况

年度	股票代码	股票简称	经营行业
2012	000007	零七股份	旅游饮食业、商品贸易、停车费、物业管理、房屋租赁
2013	000007	零七股份	旅游饮食业、商品贸易、物业管理和停车费、房屋租赁
2014	000007	零七股份	旅游饮食业、商品贸易、物业管理和停车费、房屋租赁
2013	000008	宝利来	酒店服务、物业租赁
2014	000008	宝利来	酒店服务、物业租赁
2007	000033	新都酒店	旅游业、房屋出租
2008	000033	新都酒店	旅游业、房屋出租
2009	000033	新都酒店	旅游业
2010	000033	新都酒店	旅游业
2011	000033	新都酒店	旅游业
2012	000033	新都酒店	旅游业
2013	000033	新都酒店	旅游业
2007	000069	华侨城 A	主题旅游地产销售收入、门票收入、旅游团费收入、商品销售收入、酒店收入、租赁收入
2008	000069	华侨城 A	主题旅游地产销售收入、景区及酒店等旅游收入、旅游团费收入
2009	000069	华侨城 A	旅游综合收入、房地产收入、纸包装收入
2010	000069	华侨城 A	旅游综合收入、房地产收入、纸包装收入
2011	000069	华侨城 A	旅游综合收入、房地产收入、纸包装收入
2012	000069	华侨城 A	旅游综合收入、房地产收入、纸包装收入
2013	000069	华侨城 A	旅游综合收入、房地产收入、纸包装收入
2014	000069	华侨城 A	旅游综合收入、房地产收入、纸包装收入

续 表

年度	股票代码	股票简称	经营行业
2007	000428	华天酒店	酒店业、光电产业
2008	000428	华天酒店	酒店服务业、房地产业、光电产业
2009	000428	华天酒店	酒店服务业、房地产业、光电产业
2010	000428	华天酒店	酒店服务业、房地产业、光电产业
2011	000428	华天酒店	酒店服务业、房地产业、光电产业
2012	000428	华天酒店	酒店服务业、房地产业、生产制造业
2013	000428	华天酒店	酒店服务业、房地产业、酒店资产运营、生产制造业
2014	000428	华天酒店	酒店业、房地产业、酒店资产运营、制造业
2012	000430	张家界	旅行社服务业、环保客运、旅游服务业、酒店服务业、广告服务业、租赁服务业
2013	000430	张家界	旅行社业、旅游客运业、旅游服务业、广告代理业、租赁服务业、酒店业
2014	000430	张家界	旅行社服务业、旅游客运行业、旅游服务业、广告代理业、酒店服务业、租赁服务业
2007	000524	东方宾馆	客房收入、餐饮收入、商铺租赁收入、出租车营运收入、展场收入
2008	000524	东方宾馆	客房收入、餐饮收入、商铺租赁收入、展场收入
2009	000524	东方宾馆	客房收入、餐饮收入、商铺租赁收入、展场收入
2010	000524	东方宾馆	客房收入、餐饮收入、商铺租赁收入、展场收入
2011	000524	东方宾馆	客房收入、餐饮收入、商铺租赁收入
2012	000524	东方宾馆	客房收入、餐饮收入、商铺租赁收入
2013	000524	东方宾馆	客房收入、餐饮收入、商铺租赁收入
2014	000524	东方宾馆	客房收入、餐饮收入、商铺租赁收入、酒店管理收入
2007	000610	西安旅游	旅游业务、石油开采业
2008	000610	西安旅游	旅游业务、石油开采业
2009	000610	西安旅游	旅游业务、石油开采业
2010	000610	西安旅游	旅游服务业、房地产业、石油开采业
2011	000610	西安旅游	旅游服务业、房地产业
2012	000610	西安旅游	旅游服务业、房地产业
2013	000610	西安旅游	旅行社、酒店业
2014	000610	西安旅游	旅行社、酒店业

续 表

年度	股票代码	股票简称	经营行业
2013	000613	大东海 A	旅游饮食服务业
2014	000613	大东海 A	旅游饮食服务业
2007	000721	西安饮食	餐饮收入、客房收入、商品销售收入
2008	000721	西安饮食	餐饮收入、客房收入、商品销售收入
2009	000721	西安饮食	餐饮收入、客房收入、商品销售收入
2010	000721	西安饮食	餐饮收入、客房收入、商品销售收入
2011	000721	西安饮食	餐饮服务、生产制造
2012	000721	西安饮食	餐饮服务、生产制造
2013	000721	西安饮食	餐饮服务、生产制造
2014	000721	西安饮食	餐饮服务、生产制造
2007	000796	宝商集团	商品销售、路桥收费及广告、客房及餐饮、房地产销售、中成药销售
2008	000796	宝商集团	商品销售、路桥收入、客房及餐饮、房地产销售、中成药销售
2009	000796	宝商集团	航空配餐服务、路桥收入、客房及餐饮、房地产销售、中成药销售
2010	000796	易食股份	食品配餐服务业、商品销售、客房及餐饮、中成药销售
2011	000796	易食股份	食品配餐服务业、商品销售、客房及餐饮、中成药销售
2012	000796	易食股份	航空配餐及服务、铁路配餐及服务、药品销售
2013	000796	易食股份	航空配餐及服务、铁路配餐及服务、药品销售
2014	000796	易食股份	航空配餐及服务、铁路配餐及服务
2007	000802	北京旅游	旅游服务、商业销售
2008	000802	北京旅游	旅游服务、商业销售
2009	000802	北京旅游	旅游服务、商业销售、租赁收入
2010	000802	北京旅游	旅游服务、商业销售、租赁收入
2011	000802	北京旅游	旅游服务、商业销售、管理费收入、租赁收入
2012	000802	北京旅游	旅游服务、管理费收入
2013	000802	北京旅游	旅游服务、管理费收入
2014	000802	北京文化	旅游、酒店服务、影视及经纪
2007	000888	峨眉山 A	旅游业、旅馆业
2008	000888	峨眉山 A	旅游业、旅馆业
2009	000888	峨眉山 A	旅游业、旅馆业
2010	000888	峨眉山 A	游山门票、客运索道、宾馆客房、餐饮

 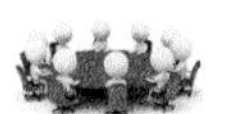

续 表

年度	股票代码	股票简称	经营行业
2011	000888	峨眉山 A	游山门票及客运索道收入、宾馆酒店服务业
2012	000888	峨眉山 A	游山门票、客运索道、宾馆酒店服务业、旅行社
2013	000888	峨眉山 A	游山门票、客运索道、宾馆酒店服务业、旅行社
2014	000888	峨眉山 A	游山门票、客运索道、宾馆酒店服务业、旅行社
2007	000978	桂林旅游	旅游服务业、公路客运
2008	000978	桂林旅游	旅游服务业、公路客运
2009	000978	桂林旅游	旅游服务业、公路客运
2010	000978	桂林旅游	旅游服务业、公路客运、地产开发
2011	000978	桂林旅游	旅游服务业、公路客运、地产开发
2012	000978	桂林旅游	旅游服务业、公路客运
2013	000978	桂林旅游	旅游服务业、公路客运、车辆检测
2014	000978	桂林旅游	旅游服务业、地产开发
2007	002033	丽江旅游	旅游服务
2008	002033	丽江旅游	旅游服务
2009	002033	丽江旅游	旅游服务
2010	002033	丽江旅游	旅游服务
2011	002033	丽江旅游	旅游服务
2012	002033	丽江旅游	旅游服务
2013	002033	丽江旅游	旅游服务
2014	002033	丽江旅游	旅游服务
2007	002059	世博股份	门票收入、租赁收入、商品房销售、物业清洁、物业管理、绿化工程
2008	002059	世博股份	世博园运营收入、商品房销售收入、清洁、花卉等配套收入
2009	002059	世博股份	世博园运营收入、商品房销售收入、清洁、花卉等配套收入
2010	002059	云南旅游	世博园运营收入、商品房销售收入、清洁、花卉等配套收入
2011	002059	云南旅游	世博园运营收入、商品房销售收入、清洁、花卉等配套收入
2012	002059	云南旅游	世博园运营收入、商品房销售收入、清洁、花卉等配套收入
2013	002059	云南旅游	景区板块、酒店板块、房地产板块、交通运输板块、旅行社板块、汽车维修板块、园艺及物业服务配套、婚宴及会议
2014	002059	云南旅游	景区板块、酒店板块、房地产板块、交通运输板块、旅行社板块、综合板块

续 表

年度	股票代码	股票简称	经营行业
2008	002159	三特索道	旅游、房地产
2009	002159	三特索道	旅游、房地产
2010	002159	三特索道	旅游、房地产
2011	002159	三特索道	旅游、房地产
2012	002159	三特索道	旅游、房地产
2013	002159	三特索道	旅游地产、旅游
2014	002159	三特索道	旅游地产、旅游
2008	002186	全聚德	餐饮、商品销售
2009	002186	全聚德	餐饮、商品销售
2010	002186	全聚德	餐饮、商品销售
2011	002186	全聚德	餐饮、商品销售
2012	002186	全聚德	餐饮、商品销售
2013	002186	全聚德	餐饮、商品销售
2014	002186	全聚德	餐饮、商品销售
2010	002306	湘鄂情	餐饮收入、商标许可使用及服务费
2011	002306	湘鄂情	餐饮收入、商标许可使用及服务费
2013	002306	湘鄂情	饮食服务业、商标许可及加盟服务
2014	002306	中科云网	餐饮业务、环保业务
2012	002558	世纪游轮	游轮运营业务、旅行社业务
2013	002558	世纪游轮	游轮运营业务、旅行社业务
2014	002558	世纪游轮	游轮运营业务、旅行社业务
2007	600054	黄山旅游	客运索道、园林门票、酒店食宿、旅游服务
2008	600054	黄山旅游	酒店业务、索道业务、园林开发业务、旅游服务
2009	600054	黄山旅游	酒店业务、索道业务、园林开发业务、旅游服务
2010	600054	黄山旅游	酒店业务、索道业务、园林开发业务、旅游服务
2011	600054	黄山旅游	酒店业务、索道业务、园林开发业务、旅游服务
2012	600054	黄山旅游	酒店业务、索道业务、园林开发业务、旅游服务
2013	600054	黄山旅游	酒店业务、索道业务、园林开发业务、旅游服务、商品房销售
2014	600054	黄山旅游	酒店业务、索道业务、园林开发业务、旅游服务、商品房销售
2007	600138	中青旅	旅游收入、酒店业收入、产品销售与技术服务收入、景区经营收入、房地产销售收入、房屋租金

续 表

年度	股票代码	股票简称	经营行业
2008	600138	中青旅	旅游服务收入、酒店业收入、产品销售与技术服务收入、景区经营收入、房地产销售收入、房屋租金
2009	600138	中青旅	旅游产品服务收入、企业会展服务收入、酒店业收入、IT 产品销售与技术服务收入、景区经营收入、房地产销售收入、房屋租金
2010	600138	中青旅	旅游产品服务收入、企业会展服务收入、酒店业收入、IT 产品销售与技术服务收入、景区综合经营收入、房地产销售收入、房屋租金
2011	600138	中青旅	旅游产品服务收入、酒店业收入、景区综合经营收入、IT 产品销售与技术服务收入、房地产销售收入、房屋租金
2012	600138	中青旅	旅游产品服务收入、企业会展服务收入、酒店业收入、IT 产品销售与技术服务收入、景区经营收入、房地产销售收入、房屋租金
2013	600138	中青旅	旅游产品服务收入、企业会展服务收入、酒店业收入、IT 产品销售与技术服务收入、景区经营收入、房地产销售收入、房屋租金
2014	600138	中青旅	旅游产品服务收入、企业会展服务收入、酒店业收入、IT 产品销售与技术服务收入、景区经营收入、房地产销售收入、房屋租金
2007	600258	首旅股份	酒店、展览广告、景区、旅游服务
2008	600258	首旅股份	酒店、展览广告、景区、旅游服务
2009	600258	首旅股份	酒店、展览广告、景区、旅游服务
2010	600258	首旅股份	酒店、展览广告、景区、旅游服务
2011	600258	首旅股份	酒店、展览广告、景区、旅游服务
2012	600258	首旅股份	酒店运营、酒店管理、展览广告、景区运营、旅游服务
2013	600258	首旅酒店	酒店运营、酒店管理、景区运营、旅游服务
2014	600258	首旅酒店	酒店运营、酒店管理、景区运营、旅游服务
2007	600358	国旅联合	旅游业、运输业
2008	600358	国旅联合	旅游业、运输业
2009	600358	国旅联合	旅游业、运输业
2010	600358	国旅联合	旅游业、运输业
2011	600358	国旅联合	旅游业、运输业
2012	600358	国旅联合	旅游业
2014	600358	国旅联合	旅游饮食服务业、工商业

续 表

年度	股票代码	股票简称	经营行业
2007	600555	九龙山	工业、商业、旅游饮食服务业
2008	600555	九龙山	服装销售及加工收入、印刷品销售收入、会员卡摊销收入及相关服务收入、建筑及相关劳务收入
2009	600555	九龙山	商业、旅游饮食服务业
2011	600555	九龙山	房地产业、旅游饮食服务业、建筑业
2012	600555	九龙山	房地产业、旅游饮食服务业、建筑业及劳务
2014	600555	九龙山	旅游饮食服务业
2007	600593	大连圣亚	景观业务、展览业收入
2008	600593	大连圣亚	旅游业收入
2009	600593	大连圣亚	旅游业收入
2010	600593	大连圣亚	旅游业收入
2011	600593	大连圣亚	旅游业收入
2012	600593	大连圣亚	旅游业收入
2013	600593	大连圣亚	旅游业收入
2014	600593	大连圣亚	旅游业收入
2012	600640	号百控股	商旅预订、酒店运营及管理、通信业
2013	600640	号百控股	宾馆酒店业、电子商务
2014	600640	号百控股	宾馆酒店业、电子商务、积分兑换
2012	600706	曲江文旅	景区运营管理、酒店餐饮服务、旅游商品销售、旅游服务管理、园林绿化
2013	600706	曲江文旅	景区运营管理、酒店餐饮服务、旅游服务管理、旅游商品销售、园林绿化、旅游商业地产
2014	600706	曲江文旅	景区运营管理、酒店餐饮服务、旅游服务管理、旅游商品销售、园林绿化
2007	600749	西藏旅游	旅游、景区门票和雅江游船、酒店、运输、广告代理收入、设计制作及其他
2008	600749	西藏旅游	旅游、景区门票和雅江游船、酒店、运输、广告代理收入、设计制作及其他
2009	600749	西藏旅游	旅游、景区门票和雅江游船、酒店、运输、广告代理收入、设计制作及其他
2010	600749	西藏旅游	景区收入、旅游服务收入、广告传媒文化业务收入
2011	600749	西藏旅游	旅游景区、旅游服务收入、广告文化

续 表

年度	股票代码	股票简称	经营行业
2012	600749	西藏旅游	景区收入、旅游服务收入、传媒文化业务收入
2013	600749	西藏旅游	景区收入、旅游服务收入、传媒文化
2014	600749	西藏旅游	景区收入、旅游服务收入、传媒文化
2007	600754	锦江股份	酒店运营业务、酒店管理业务、餐饮与食品业务、物品供应业务
2008	600754	锦江股份	酒店运营业务、酒店管理业务、餐饮与食品业务、物品供应业务
2009	600754	锦江股份	酒店运营业务、酒店管理业务、餐饮与食品业务、物品供应业务
2010	600754	锦江股份	星级酒店营运业务、星级酒店管理业务、经济型酒店营运及管理业务、餐饮与食品业务、物品供应业务
2011	600754	锦江股份	经济型酒店营运及管理业务、食品与餐饮业务
2012	600754	锦江股份	经济型酒店营运及管理业务、食品与餐饮业务
2013	600754	锦江股份	有限服务型酒店营运及管理业务、食品与餐饮业务
2014	600754	锦江股份	有限服务型酒店营运及管理业务、食品与餐饮业务
2008	601007	金陵饭店	酒店业务、商品贸易业务
2009	601007	金陵饭店	酒店服务、商品贸易
2010	601007	金陵饭店	酒店服务、商品贸易
2011	601007	金陵饭店	酒店服务、商品贸易
2012	601007	金陵饭店	酒店服务、商品贸易
2013	601007	金陵饭店	酒店服务、商品贸易、物业管理
2014	601007	金陵饭店	酒店服务、商品贸易、物业管理、房屋租赁
2010	601888	中国国旅	旅游服务业务、商品销售业务
2011	601888	中国国旅	旅游服务业务、商品销售业务
2012	601888	中国国旅	旅游服务业务、商品销售业务
2013	601888	中国国旅	旅游服务业务、商品销售业务
2014	601888	中国国旅	旅游服务业务、商品销售业务

数据来源：各上市公司年度报告。

从表 4 - 2 的状况来看，更多的旅游行业上市公司都经营了两个及两个以上的行业，样本中仅有 24 个样本上市公司只经营 1 个行业，不到样本总数的 12% 。而在选择经营多个行业的样本上市公司中可以发现，旅游行业上市公司最多经营了 8 个行业。而从多元化经营的旅游行业上市公司来看，更多的旅游行业上市公司经营的多个行业间具有一定的相关性，例如，有的企业在报告分行业经营状况时，其经营的行业分别为旅游收入、餐饮收入、景区门票等，这说明更多的旅游行业上市公司进行的是相关多元化的经营，仅有少数旅游行业上市公司进行的是与自身主营业务完全不相关的行业的多元化，如石油开发、IT（计算机技术）业务经营。另外，近年来，在中国经济发展中，非常多的企业都涉足的房地产行业，在旅游行业上市公司中涉猎的并不多，样本中仅有 62 家上市公司涉猎房地产行业（包括部分上市公司涉猎旅游地产以及商铺租赁），占样本总数的近 30% 。

表 4－3　　样本上市公司经营行业数量统计

年度	2007	2008	2009	2010	2011	2012	2013	2014	总计
1 个行业	1	2	3	3	3	4	4	4	24
2 个行业	8	9	8	6	10	10	11	13	75
3 个行业	2	4	5	9	7	8	6	3	44
4 个行业	3	5	4	4	4	2	4	6	32
5 个及以上行业	6	3	3	2	1	5	5	5	30

从表 4－3 的分布状况来看，选择 2 个行业进行经营，是中国旅游行业上市公司多元化经营的首选，其次则是选择 3 个行业进行经营，这和多元化经营的收益与成本规律是相符的，经营过多的行业，会增加多元化经营的成本，且未必会获得应有的收益，因此，更多的上市公司不会贸然经营过多的行业。当然，也有部分上市公司会选择多个行业进行经营，最多的旅游行业上市公司选择了 8 个行业经营：云南旅游（002059）在 2013 年共经营了景区板块、酒店板块、房地产板块、交通运输板块、旅行社板块、汽车维修板块、园艺及物业服务配套、婚宴及会议 8 个行业。当然这与上市公司自身的经营策略相关。

另外，在 75 个涉足 2 个行业的旅游行业上市公司中，有 41 个上市公

司涉猎的第二个行业都是与旅游行业相关的，如展览业、食品与餐饮业务、旅行社业务、旅馆业等，这进一步说明旅游行业上市公司的多元化经营属于相关性多元化经营方式。而在44个涉足3个行业的旅游行业上市公司中，也有20个上市公司的多元化行业中包括其他的旅游行业。

4.2.2 旅游行业上市公司多元化程度分析

表4-4 样本上市公司多元化经营程度统计

年度	2007	2008	2009	2010	2011	2012	2013	2014	2007—2014
HHI	0.580	0.636	0.611	0.594	0.655	0.594	0.577	0.561	0.599
EI	0.715	0.591	0.619	0.646	0.554	0.641	0.650	0.687	0.638

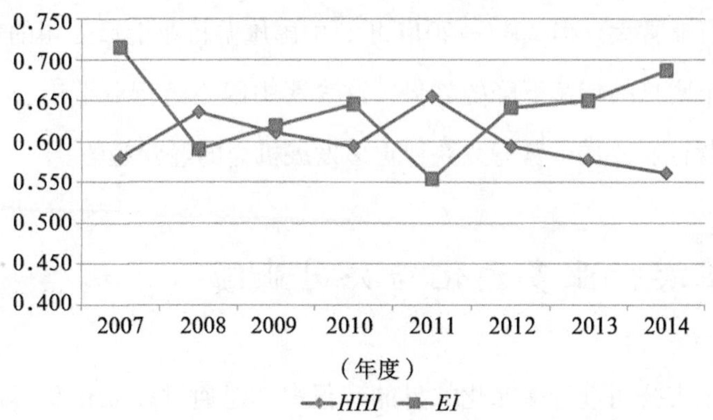

图4-1 中国旅游行业上市公司多元化经营程度状况

从表4-4与图4-1表现出的中国旅游行业上市公司多元化经营程度状况整体来看，中国旅游行业上市公司的*HHI*值平均为0.599，而*EI*值平均为0.638，这说明从多元化程度来看，中国旅游行业上市公司的多元化程度并不高。与苏冬蔚（2005）、李捷瑜和江舒韵（2009）、孟祥展等（2015）、陈立泰和徐静（2012）、刘思婧等（2015）等利用主板上市公司或其他行业上市公司样本进行的研究相比，旅游行业上市公司的多元化程度明显更低。虽然中国旅游行业上市公司进行多元化经营的公司数量比较多，但由于受自身经营方式、行业特性等的限制，很多上市公司只能选择与主营行业相关的行业进行多元化经营，即相关多元化，所以这些涉猎其他行业的营业收入占据公司总营业收入的比重相对就不会太高，使得虽然很多的旅游行业上市公司会主动的选择多元化经营的模式，但多元化经营的程度却并不高。

然而，从中国旅游行业上市公司各年度的多元化经营程度来看，各年度旅游行业上市公司的多元化程度具有一定的波动，并非是持续性的上升或下降，而且相对波动程度也较大。2007 年旅游行业上市公司的多元化程度最低，其后年度的多元化程度则有相应的上升，以 2011 年作为分界线，2008—2010 年度以及 2012—2014 年度则显示出阶段性的下降，但下降幅度却并没有非常大。但 2011—2014 年，中国旅游行业上市公司的多元化程度却有一个明显的持续下降的趋势，这表明中国旅游行业上市公司目前具有回归主营行业并从主营行业获得更多发展机会的经营趋势。

4.3 旅游行业多元化与公司业绩

虽然上市公司进行多元化的目的有很多，但通过多元化获得足够的收益、获得新的经济增长点是每一个上市公司都在追逐的重要的目标，也是进行多元化经营的重要原因。然而，多元化经营对于上市公司而言，尤其是对上市公司的短期利益而言，却是一把“双刃剑”。一方面，多元化有可能会给上市公司带来短期的利益增长，这是因为与专业化经营中仅经营着一个行业相比，在多元化经营的过程中，上市公司可以从经营的多个行业或多个产品中获得相应的收益，此时上市公司获得收益的途径是相对较多的。与专业化经营或多元化经营程度并不高的上市公司相比，上市公司多元化程度高的，即使其中的某一个行业的环境不佳，经营出现某些状况，也可以通过其他行业获得相应的收益，从而保障上市公司能够“多条

腿走路”。然而另一方面，多元化经营却并非是没有成本的，当上市公司在多元化过程中经营不同的行业时，每多增加一个行业，上市公司就会多付出一个行业的成本，尤其是如果上市公司进行的是非相关多元化，去新经营一个与自身主营行业几乎没有关系、而且几乎没有涉猎过的行业时，其付出的相应成本就会是非常大的，甚至有些付出的成本是无法用经济因素去衡量的，这对上市公司的长期发展是不利的。而且，由于上市公司总的资源或者说总的精力是有限的，当上市公司进行多元化经营，尤其是涉猎多个行业时，若上市公司没有获得足够的额外资金的追加，此时多元化的经营不但会产生新的成本，还会占用发展之前业务的资源，甚至会影响到原先经营行业的利益，于是在这种情况下，多元化的经营模式就可能无法起到提升公司业绩的效果。

从已有文献得到的结论来看，对于多元化经营与公司业绩的研究也并没有得到统一的结论。Lang 和 Stulz（1994）的研究指出，上市公司的业务集中度与相应的公司业绩之间存在正相关关系，与专业化公司相比，多元化公司的折价水平约为 8%；张磊等的研究（2011）则表明上市公司的多元化经营与公司业绩之间存在相关性，尤其是相关多元化的经营能够显著提升公司业绩。而 Berger 和 Ofek（1995）的经验证据则表明，多元化经营平均带来了 13% ~15% 的价值损失；Rajan 等（2000）的经验证据也同样表明，多元化折价现象是在很多国家都存在的；魏锋和陈丽蓉（2011）也发现，中国上市公司的多元化降低了公司的经营业绩与市场价值；岑维和童娜琼（2015）指出，多元化经营对公司业绩产生了负效应。

4.3.1　研究设计

1. 被解释变量

（1）每股收益（*Eps*）：以中国旅游行业上市公司的每股收益值衡量，*Eps* =（上市公司期末净利润 - 上市公司优先股股利）/上市公司期末总股本。

(2) 资产收益率 (*Roa*): 以中国旅游行业上市公司的资产收益率衡量, *Roa* = 上市公司期末净利润/上市公司当期平均资产总额。

2. 解释变量

分别用赫芬达尔指数 (*HHI*) 与熵指数 (*EI*) 衡量中国旅游行业上市公司多元化经营程度, 具体衡量方法为式 (4－1) 与式 (4－2)。

3. 控制变量

同时, 本书参考 Lang 和 Stulz (1994)、Li 和 Wong (2003)、姚俊等 (2004)、张冀等 (2005) 等对上市公司多元化的相关研究, 在回归模型中加入相应的控制变量, 具体各变量的解释情况列为表 4－5。

表 4－5　　变量解释

变量类别	变量	变量定义
被解释变量	每股收益(*Eps*)	(上市公司期末净利润－上市公司优先股股利)/上市公司期末总股本
	资产收益率(*Roa*)	上市公司期末净利润/上市公司当期平均资产总额
解释变量	赫芬达尔指数(*HHI*)	见式(4－1)
	熵指数(*EI*)	见式(4－2)
控制变量	资产总额(*Size*)	上市公司期末资产总额,并对其取自然对数
	资产负债率(*Debt*)	上市公司期末负债总额/上市公司期末资产总额
	股权集中度(*H*10)	上市公司期末前十大股东持股比例平方和
	控股属性(*Hs*)	若上市公司实际控制人为国有属性,则 *Hs* =1,否则 *Hs* =0
	上市年龄(*Age*)	上市公司样本年度－上市公司上市年度

4. 回归检验模型

因此, 根据本书的研究需要以及设计的变量, 共构建 4 个回归模型, 具体为:

$$Eps_1 = \alpha_1 HHI + \alpha_2 Size + \alpha_3 Debt + \alpha_4 H10 + \alpha_5 Hs + \alpha_6 Age + C + \varepsilon \tag{4-3}$$

$$Eps_2 = \alpha_1 EI + \alpha_2 Size + \alpha_3 Debt + \alpha_4 H10 + \alpha_5 Hs + \alpha_6 Age + C + \varepsilon \tag{4-4}$$

$$Roa_1 = \alpha_1 HHI + \alpha_2 Size + \alpha_3 Debt + \alpha_4 H10 + \alpha_5 Hs + \alpha_6 Age + C + \varepsilon \tag{4-5}$$

$$Roa_2 = \alpha_1 EI + \alpha_2 Size + \alpha_3 Debt + \alpha_4 H10 + \alpha_5 Hs + \alpha_6 Age + C + \varepsilon \tag{4-6}$$

在上述几式中，α 为各回归模型中变量的待估系数，C 为截距项，ε 为随机误差项，本书使用的计量软件为 Eviews 8.0。

5. 数据说明

在本书样本的基础上，剔除缺失相应数据，最终得到中国旅游行业上市公司 2007—2014 年共计 203 个样本，进行相应的回归检验。

4.3.2 实证结果分析

1. 描述性统计分析

表 4－6　　描述性统计结果

变量	均值	中位数	最大值	最小值	标准差
Eps	0.266	0.172	1.510	−0.850	0.315
Roa	0.036	0.036	0.197	−0.677	0.071
HHI	0.598	0.538	1.000	0.152	0.234
EI	0.643	0.664	1.873	0.000	0.430
Size	21.226	20.955	25.276	18.551	1.072
Debt	0.392	0.382	1.055	0.025	0.158
H10	0.154	0.136	0.455	0.027	0.108
Hs	0.714	1.000	1.000	0.000	0.453
Age	11.360	12.000	22.000	1.000	5.256

表 4－6 列出本节样本的描述性统计状况。从表 4－6 的结果来看，变

量*Eps*均值为0.266（中位数为0.172），表明样本中的旅游行业上市公司的每股收益值约为0.27元人民币，这一数值并不高；变量*Roa*均值为0.036（中位数为0.036），表明样本中的旅游行业上市公司的期末净利润约占平均资产总额的3.6%，同样旅游行业上市公司的盈利状况并不突出。解释变量中，变量*HHI*均值为0.598（中位数为0.538），变量*EI*均值为0.643（中位数为0.664），表明样本中旅游行业上市公司的多元化程度并不高，但不同旅游行业上市公司的多元化程度存在较大的差异。而在控制变量中，变量*Size*均值为21.226，表明样本中旅游行业上市公司的资产总额平均约为16.53亿元，旅游行业上市公司的资产规模并不大，这与旅游行业的经营属性相关；变量*Debt*均值为0.392，表明样本中旅游行业上市公司的平均总负债不到总资产的四成，旅游行业上市公司的负债程度并不高；变量*H*10均值为0.154，表明样本中旅游行业上市公司的股权集中度并不高；变量*Hs*均值为0.714，表明样本中有超过七成的旅游行业上市公司是国有属性的，仅有不到三成上市公司属于私人性的非国有上市公司；变量*Age*均值为11.360，中位数为12，表明样本中旅游行业上市公司的上市时间相对较长，但也有部分旅游行业上市公司的上市历史较短。

另外，在样本中，除变量*Size*与变量*Age*的标准差值超过1，其他变量的标准差值都小于1，这表明中国旅游行业上市公司在公司特征方面的数值分布较为集中，具有明显的行业相似度。

2. 相关性分析

表4－7给出本书样本的相关性检验结果。首先，变量*HHI*与变量*Eps*、*Roa*之间都表现为正相关关系，且能够通过常规置信水平的显著性检验，而变量*EI*与变量*Eps*、*Roa*之间则表现为负相关关系，同样能够通过常规置信水平的显著性检验，表明在中国旅游行业上市公司中，多元化程度与公司业绩之间存在的是负向关系，多元化经营并未能够带来公司业绩的提升。其次，从变量间的相关系数值来看，解释变量与控制变量、控制

变量与控制变量之间的相关系数值并不高，表明变量间并不存在多重共线性，从而相关变量可以纳入统一计量模型进行检验。

表 4-7　　　　相关性检验结果

	Eps	*Roa*	*HHI*	*EI*	*Size*	*Debt*	*H10*	*Hs*	*Age*
Eps	1								
Roa	0.713***	1							
HHI	0.259***	0.253***	1						
EI	-0.254***	-0.222***	-0.924***	1					
Size	0.526***	0.182***	-0.287***	0.339***	1				
Debt	-0.201***	-0.403***	0.090	-0.050	0.248***	1			
H10	0.464***	0.277***	-0.233***	0.254***	0.421***	-0.233***	1		
Hs	0.466***	0.380***	-0.284***	0.304***	0.387***	-0.059	0.343***	1	
Age	-0.171**	-0.031	-0.200***	0.214***	0.033	0.068	-0.226***	-0.102*	1

注：***、**和*分别表示在1%、5%和10%置信水平下通过显著性检验。

3. 回归结果分析

表 4-8　　　　回归检验结果

	被解释变量：*Eps*		被解释变量：*Roa*	
	(1)	(2)	(3)	(4)
HHI	0.064 (0.078)	—	0.029* (0.020)	—
EI	—	-0.014 (0.043)	—	-0.010* (0.011)
Size	0.136***	0.137***	0.010**	0.010**
Debt	-0.532***	-0.540***	-0.186***	-0.189***
H10	0.271	0.279	0.002	0.004
Hs	0.148***	0.152***	0.042***	0.043***
Age	-0.008**	-0.008**	0.001*	0.001*
C	-2.422***	-2.503***	-0.118***	-0.148***

续 表

	被解释变量：*Eps*		被解释变量：*Roa*	
	（1）	（2）	（3）	（4）
R^2	0.474	0.472	0.322	0.317
$Adj\ R^2$	0.458	0.456	0.301	0.296
F statistic	29.430 * * *	29.251 * * *	15.487 * * *	15.185 * * *

注：* * * 、* * 和 * 分别表示在1%、5%和10%置信水平下通过显著性检验，括号内为标准误差。（1）（2）等为回归结果序号，*C* 为常数项，R^2 为拟合优度，$Adj\ R^2$ 为调整的拟合优度，*F* statistic 为 *F* 统计量。

表4－8列出检验中国旅游行业上市公司多元化经营对公司业绩影响的回归结果。从各回归结果的 *F* 检验值来看，各结果均能够通过常规置信水平的显著性检验，这表明被解释变量的实际分布与由解释变量与控制变量构成的拟合分布之间并不存在明显差异，回归结果具有一定的解释能力。而在当被解释变量为 *Eps* 的回归结果中，解释变量为 *HHI* 与 *EI* 的拟合优度值分别为0.474与0.472，表明多元化能够在47%左右的程度上解释 *Eps* 的变动，而在当被解释变量为 *Roa* 的回归结果中，解释变量为 *HHI* 与 *EI* 的拟合优度值分别为0.322与0.317，表明多元化能够在32%左右的程度上解释 *Roa* 的变动。

而在各回归结果的变量结果中，当被解释变量为 *Eps* 时，变量 *HHI* 与被解释变量之间表现为正相关关系，变量 *EI* 与被解释变量之间则表现为负相关关系，但这两个系数检验结果却并没有能够通过常规置信水平的显著性检验；而当被解释变量为 *Roa* 时，变量 *HHI* 与被解释变量之间表现为正相关关系，变量 *EI* 与被解释变量之间表现为负相关关系，这两个系数值均能够通过10%置信水平的显著性检验，显著程度并不高。通过四个回归结果中解释变量的结果来看，旅游行业上市公司的多元化经营程度与公司业绩之间存在负相关关系，虽然这种负相关关系程度并不高，但足以表明中

国旅游行业上市公司的多元化经营并没有能够提升公司业绩。可见，中国旅游行业上市公司的多元化经营，更多地表现为一种经营成本，制约了公司业绩的发展。

而在控制变量的检验结果中，变量 *Size* 与被解释变量 *Eps*、*Roa* 之间表现为显著的正相关关系，表明在旅游行业上市公司中，资产规模更大的上市公司的业绩程度更好；变量 *Debt* 与被解释变量 *Eps*、*Roa* 之间表现为负相关关系，表明在旅游行业上市公司中，负债率更高的上市公司的业绩程度相对较差；变量 *H*10 与被解释变量 *Eps*、*Roa* 之间的关系均未能通过常规置信水平的显著性检验，表明股权集中度并没有能够明显地影响旅游行业上市公司的公司业绩程度；变量 *Hs* 与被解释变量 *Eps*、*Roa* 之间表现为显著的正相关关系，表明在旅游行业上市公司中，相较于非国有属性的上市公司，国有属性的上市公司的业绩水平更高；变量 *Age* 与被解释变量 *Eps*、*Roa* 之间则表现为显著的负相关关系，表明在旅游行业上市公司中，新上市的上市公司的业绩水平会更好。

4. 稳健性检验

为检验研究结论的稳健性，本书进行相应的稳健性检验。首先，利用 *TobinQ* 值（企业的市场价值与资本重量之比）以及 *Roe* 值（净资产收益率）替代公司业绩水平的变量后，进行相应的回归检验；其次，对上市公司的行业及年度因素进行控制后，进行相应的回归检验；最后，考虑到可能存在的内生性问题，选择以地区市场化进程、政策因素等作为工具变量，以两阶段回归的方法进行相应的回归检验。稳健性检验的结果与前文的实证结果并没有明显差异，表明实证检验结果是稳健的。

4.3.3 小结

中国旅游行业上市公司的多元化经营程度较高，大部分的旅游行业上市公司都青睐多元化经营的策略，倾向于在主营行业之外再多经营一个或多个行业或产品。然而，多元化的经营能够为中国旅游行业上市公司带来什么？能够让旅游行业上市公司的公司业绩水平提升还是下降？这就是本节进行检验的内容。因此，利用2007—2014年203家中国旅游行业上市公司样本，本书实证检验了多元化经营与公司业绩之间的关系，实证检验结果表明，多元化经营并未能够为中国旅游行业上市公司带来业绩的增长。具体而言，衡量旅游行业上市公司多元化经营程度的赫芬达尔指数与每股收益之间表现为正相关，熵指数与每股收益之间表现为负相关，但并未能够通过常规置信水平的显著性检验，而赫芬达尔指数与资产收益率之间则表现为显著的正相关关系，熵指数与资产收益率之间也表现为显著的负相关关系，表明多元化并未能够促进中国旅游行业上市公司的业绩水平，多元化成为中国旅游行业上市公司经营的成本。

从前文的经验证据来看，多元化程度并没有能够成为中国旅游行业上市公司业绩的助推器，反而可能成为一种成本，那么旅游行业上市公司为什么还要选择进行多元化经营呢？这其中必然包含其他的原因，而这就是本章下一节研究的主要内容。

4.4 旅游行业多元化与公司财务风险

从前文的经验证据来看，中国旅游行业上市公司多元化经营更多地表现为一种成本，没有刺激到公司业绩的增长，而已有文献的研究结论表明，很多上市公司进行多元化经营，并非是追求短时间内的业绩增长，而是一种风险规避行为，希望通过多元化的经验模式，降低公司的财务风险，获得相对平稳的发展途径，即西方投资学中所述的“鸡蛋不要放在同一个篮子里”。例如，Comment 和 Jarrell（1995）等的研究就表明，专业化的经营可能带来公司的系统性风险，而多元化的经营则相对降低了公司的特有风险；Mansi 和 Reeb（2002）也指出，多元化的经营方式提高了公司

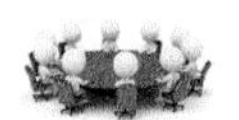

债权人的价值，从而降低了公司的财务风险。在中国上市公司中，同样存在多元化经营降低公司风险的结论，陈莉和张卓（2005）就指出，多元化的经营可以降低公司的风险，而魏锋和孙晓铎（2008）同样提供了相应的经验，表明多元化的经营方式可以通过获得管理层的支持，从而降低公司相应的风险；王亮（2009）则指出，虽然在多元化经营的初期阶段，由于涉足新的行业，可能带来短期内的财务风险的增加，但长期来看，却会带来财务风险的持续下降；彭岚等（2016）也指出，虽然多元化经营对公司财务风险抑制的作用有限，但可以扩大负债容量，降低现金流量风险。具体到旅游行业，张运来和王储（2014）研究表明旅游行业自身的行业特征及其多元化特点使得旅游行业上市公司的多元化对财务风险产生了相应的影响，旅游行业上市公司多元化经营能够降低公司的财务风险；吴琳萍（2014）的研究指出，多元化的经营对旅游行业上市公司的风险分散具有重要的作用；周春梅（2015）指出，作为企业动态成长的战略选择之一，国内旅游企业已将多元化投资作为规避风险的重要手段。

多元化之所以能够降低财务风险，一方面是因为多元化经营的模式可以降低企业经营的不确定性，由于多元化经营涉猎多个行业或产品，就有可能降低专业化生产中一个行业或产品可能存在的不确定性，避免一个行业可能由于外部环境存在问题而导致的经营问题；另一方面，在多元化经营的模式中，企业其实相当于建立了资产组合，这种资产组合可以通过多元化经营降低总体现金流的波动性，从而降低企业陷入财务困境的可能性。

4.4.1　研究设计

1. 被解释变量

财务风险是一个涉及上市公司财务运行状况的综合指标，并非利用一个简单的财务数字或变量就能够衡量。因此，本书参考向德伟（2002）、周春生和赵端端（2006）、魏锋和孙晓铎（2008）、于富生等（2008）、吴国鼎和张会丽（2015）等的相关研究，采用经 Mackie Mason（1990）修正后的 Altman Z 指数测度企业的财务风险，这一指标的优势在于能够避免股票市场指标对企业财务风险测度产生的干扰，相较于其他指标可以更好地测度像中国这种新兴资本市场的企业财务风险。具体涉及指标及权重情况见下式：

$$Z = 3.3X_1 + 1.0X_2 + 1.4X_3 + 1.2X_4 \tag{4-7}$$

在式（4-7）中，X_1 = 息税前利润/资产总额；X_2 = 营业收入/资产总额；X_3 = 留存收益/资产总额；X_4 = 运营资金/资产总额。

通过式（4-7）计算所得的 Z 值越大，则企业陷入财务困境的潜在可能性就会越低，财务风险也就会相应越小，而反之则财务风险会越大（Byoun，2008）。

2. 解释变量

分别用赫芬达尔指数（*HHI*）与熵指数（*EI*）衡量中国旅游行业上市公司多元化经营程度，具体衡量方法为式（4-1）与式（4-2）。

3. 控制变量

同时，本书参考魏锋和孙晓铎（2008）、吴国鼎和张会丽（2015）等对公司财务风险的相关研究，在回归模型中加入相应的控制变量，具体各变量的解释情况如表 4-9 所示。

表 4-9　变量解释

变量类别	变量	变量定义
被解释变量	财务风险（*Z*）	见式（4-7）
解释变量	赫芬达尔指数（*HHI*）	见式（4-1）
	熵指数（*EI*）	见式（4-2）
控制变量	资产总额（*Size*）	上市公司期末资产总额，并对其取自然对数
	成长性（*Growth*）	上市公司营业收入增长率
	股权集中度（*H10*）	上市公司期末前十大股东持股比例平方和
	资产收益率（*Roa*）	上市公司期末资产收益率

 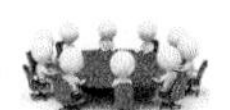

4. 回归检验模型

因此，根据本书的研究需要以及设计的变量，构建 2 个回归模型，具体为：

$$Z_1 = \alpha_1 HHI + \alpha_2 Size + \alpha_3 Growth + \alpha_4 H10 + \alpha_5 Roa + C + \varepsilon \quad (4-8)$$

$$Z_2 = \alpha_1 EI + \alpha_2 Size + \alpha_3 Growth + \alpha_4 H10 + \alpha_5 Roa + C + \varepsilon \quad (4-9)$$

在上述两式中，α 为各回归模型中变量的待估系数，C 为截距项，ε 为随机误差项，本节使用的计量软件为 Eviews 8. 0。

5. 数据说明

在本书样本的基础上，剔除缺失相应数据，最终得到中国旅游行业上市公司 2007—2014 年共计 201 个样本，进行本节的相应回归检验。

4. 4. 2　实证结果分析

1. 描述性统计分析

表 4 - 10　　描述性统计结果

变量	均值	中位数	最大值	最小值	标准差
Z	0. 788	0. 731	2. 942	-1. 605	0. 611
HHI	0. 597	0. 538	1. 000	0. 152	0. 234
EI	0. 642	0. 664	1. 873	0. 000	0. 430
Size	21. 222	20. 951	25. 276	18. 551	1. 077
Growth	0. 125	0. 074	7. 161	-1. 000	0. 675
H10	0. 154	0. 136	0. 455	0. 027	0. 108
Roa	0. 036	0. 036	0. 197	-0. 677	0. 071

表 4 - 10 列出本节样本的描述性统计分布。可以看出，变量 Z 的均值为 0. 788（中位数为 0. 731），与吴国鼎和张会丽（2015）等的研究样本相比，本书旅游行业上市公司的变量 Z 值相对较高，表明中国旅游行业上市公司的财务风险程度并不高，但不同的旅游行业上市公司的财务风险程度

差异较大。解释变量中，变量 *HHI* 均值为 0. 597（中位数为 0. 538），变量 *EI* 均值为 0. 642（中位数为 0. 664），表明样本中旅游行业上市公司的多元化程度并不高，但不同旅游行业上市公司的多元化程度存在较大的差异。而在控制变量中，变量 *Size* 均值为 21. 222，表明样本中旅游行业上市公司的资产总额平均约为 16. 47 亿元，旅游行业上市公司的资产规模并不大，这与旅游行业的经营属性相关；变量 *Growth* 均值为 0. 125，表明样本中旅游行业上市公司每年度的营业收入平均上涨 12. 5%，但不同旅游行业上市公司的营业收入增长差异非常大；变量 *H*10 均值为 0. 154，表明样本中旅游行业上市公司的股权集中度并不高；变量 *Roa* 均值为 0. 036，表明样本中的旅游行业上市公司的期末净利润约占平均资产总额的 3. 6%，旅游行业上市公司的盈利状况并不突出。

另外，在样本的数值分布中，除变量 *Size* 的标准差值超过 1，其他变量的标准差值都小于 1，同样表明中国旅游行业上市公司在公司特征方面的数值分布较为集中，具有典型的行业相似度。

2. 相关性分析

表 4－11　　相关性检验结果

	Z	*HHI*	*EI*	*Size*	*Growth*	*H*10	*Roa*
Z	1						
HHI	－0. 342***	1					
EI	0. 335***	0. 925***	1				
Size	0. 234***	－0. 293***	0. 342***	1			
Growth	0. 179**	－0. 048	0. 033	0. 050	1		
*H*10	0. 411***	－0. 224***	0. 247***	0. 426***	0. 042	1	
Roa	0. 668***	－0. 253***	0. 222***	0. 182***	0. 157**	0. 278***	1

注：***、**和*分别表示在 1%、5% 和 10% 置信水平下通过显著性检验。

表 4－11 给出本书样本的相关性检验结果。首先，变量 *HHI* 与变量 *Z* 之间都表现为负相关关系，且能够通过常规置信水平的显著性检验，而变

量 *EI* 与变量 *Z* 之间则表现为正相关关系，同样能够通过常规置信水平的显著性检验，表明在中国旅游行业上市公司中，多元化程度与公司财务风险之间存在的是负向关系，多元化经营能够较为明显地降低公司财务风险。其次，从变量间的相关系数值来看，解释变量与控制变量、控制变量与控制变量之间的相关系数值并不高，表明变量间并不存在多重共线性，从而相关变量可以纳入统一计量模型进行检验。

3. 回归结果分析

表 4－12　　回归检验结果

	(1)	(2)
HHI	－0. 392*** (0. 138)	—
EI	—	0. 227*** (0. 076)
Size	－0. 006	－0. 012
Growth	0. 068*	0. 070*
*H*10	1. 265***	1. 249***
Roa	4. 791***	4. 833***
C	0. 771	0. 519
R^2	0. 527	0. 529
Adj R^2	0. 515	0. 517
F statistic	43. 475***	43. 858***

注：***、**和*分别表示在 1%、5% 和 10% 置信水平下通过显著性检验，括号内为标准误差。

表 4－12 列出了检验中国旅游行业上市公司多元化经营对公司财务风险影响的回归结果。从各回归结果的 *F* 检验值来看，各度量均能够通过常规置信水平的显著性检验，这表明被解释变量的实际分布与由解释变量与控制变量构成的拟合分布之间并不存在明显差异，回归结果具有一定的解释能力。而从各回归结果的拟合优度值来看，解释变量为 *HHI* 时的拟合优度值为 0. 527，而解释变量为 *EI* 时的拟合优度值则为 0. 529，表明多元化

能够在52%左右的程度上解释旅游行业上市公司财务风险的变动。

而在各回归结果的变量结果中，变量 *HHI* 与被解释变量之间表现为负相关关系，且能够通过常规置信水平的显著性检验，这表明变量 *HHI* 数值越大（多元化程度越低），则变量 *Z* 数值会越小（财务风险越高），变量 *HHI* 数值越小（多元化程度越高），则变量 *Z* 数值会越大（财务风险越低）；而变量 *EI* 与被解释变量之间则表现为正相关关系，也能够通过常规置信水平的显著性检验，这表明变量 *EI* 数值越大（多元化程度越高），则变量 *Z* 数值会越大（财务风险越低），变量 *EI* 数值越小（多元化程度越低），则变量 *Z* 数值会越大（财务风险越高）。由此可见，旅游行业上市公司的多元化经营程度与公司财务风险之间存在明显的负相关关系，多元化的经营模式带来了公司财务风险的降低，通过涉猎不同的行业或产品分摊了公司的财务风险状况。

而在控制变量的检验结果中，变量 *Size* 与被解释变量之间表现为负相关关系，但并未能够通过常规置信水平的显著性检验，这表明资产规模对公司财务风险的影响并不明确；变量 *Growth* 与被解释变量之间则存在显著的正相关关系，表明存在较强增长率的旅游行业上市公司反而存在较低的财务风险；变量 *H*10 与被解释变量间存在显著的正相关关系，表明在旅游行业上市公司中，随着股权集中度的增加，公司财务风险会相应上升；变量 *Roa* 与被解释变量之间也表现为显著的正相关关系，表明随着收益状况的提升，旅游行业上市公司的财务风险程度会下降。

4. 稳健性检验

为检验研究结论的稳健性，本书进行了相应的稳健性检验。首先，替换衡量公司财务风险的指标后进行相应的回归检验，即考虑包括市场价值、营业收入等的影响后，参考于富生等（2008）的研究，构建新的衡量公司财务风险的指标，新指标为：

$$Z = 0.012X_1 + 0.014X_2 + 0.033X_3 + 0.006X_4 + 0.999X_5 \quad (4-10)$$

 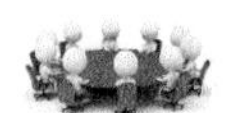

在式（4－10）中，X_1 = 运营资金/资产总额；X_2 = 留存收益/资产总额；X_3 = 息税前利润/资产总额；X_4 = 市场价值/负债总额；X_5 = 营业收入/资产总额。

其次，考虑到可能存在的内生性问题，选择以外部审计、地区市场化进程、政策因素等作为工具变量，以两阶段回归的方法进行相应的回归检验。

最后，控制样本上市公司的行业因素及样本年度因素后，进行相应的回归检验。稳健性检验的结果与前文的实证结果并没有明显差异，表明实证检验结果是稳健的。

4.4.3 小结

在中国旅游行业中，大部分的上市公司都选择了多元化的经营模式，但多元化的经营模式却并没有给公司带来业绩的增长，那么多元化的经营模式对公司的财务风险产生了什么样的影响？这就是本节研究的问题。因此，本节利用2007—2014年201个中国旅游行业上市公司样本，实证检验了多元化经营与财务风险之间的关系。实证检验结果表明，多元化经营模式明显地降低了公司财务风险状况。具体来说，衡量旅游行业上市公司多元化程度的赫芬达尔指数与财务风险Z指数之间存在显著的负相关关系，而熵指数与财务风险Z指数之间则存在显著的正相关关系，即多元化程度越高，相应的财务风险程度越低，表明多元化成为降低公司财务风险的一种重要手段。

从本书的经验证据来看，旅游行业上市公司虽然并没有能够提升公司的业绩水平，却可以明显地降低财务风险，这是中国旅游行业上市公司进行多元化的重要原因，旅游行业上市公司可以通过多元化的经营模式，获得一个相对安全、稳定的经验环境，给自己一个更好的发展空间。尤其是在近年来整体经济发展较为缓慢的情况下，外部环境未必会给公司经营提供良好的机遇，反而是存在较大的风险，因此多元化的经营模式，就能够极大地提升公司经营过程中抵御外部风险的能力。

4.5 本章小结

中国旅游行业的企业对待多元化经营是一种什么样的态度？会如何进行多元化的经营方式？多元化的经营模式又给中国旅游行业上市公司带来了什么？对旅游行业上市公司的经营理念与经营结果产生了什么样的影响？这些就是本章进行研究的问题。本章在利用赫芬达尔指数与熵指数衡量中国旅游行业上市公司多元化经营程度的基础上，以2007—2014年中国旅游行业上市公司为样本，统计分析了中国旅游行业上市公司多元化经营的程度以及多元化程度与公司业绩以及财务风险的关系。研究发现：

（1）中国旅游行业上市公司倾向于多元化经营的模式，但多元化程度并不高。更多的旅游行业上市公司都经营了两个及两个以上的行业，但经营的行业多与旅游行业相关，即中国旅游行业上市公司倾向于相关多元化的经营模式。而且中国旅游行业上市公司近年来的多元化经营程度波动幅度较大，但总体多元化经营程度不高。

（2）中国旅游行业上市公司的多元化经营并没有带来业绩的增长，反而更多地表现为公司经营的一种“成本”，即多元化程度越高，中国旅游行业上市公司的公司业绩水平反而越低。

（3）中国旅游行业上市公司进行多元化经营的原因在于降低财务风险，即多元化程度越高，中国旅游行业上市公司的财务风险程度会越低，这表明多元化的经营成为了降低公司财务风险的一种重要手段，能够分摊单一经营中存在的财务风险。

5 高管政治特征与多元化经营

近年来，由于“自由行”的概念被更多人接受，另外随着手机搜索功能、论坛功能、定位功能、导航功能等逐渐被人们熟知与使用，手机 APP 在一定程度上替代了传统的旅行社与导游功能，在对传统旅游产生极大冲击的同时，更冲击了一些传统的旅游企业。在这种情况下，旅游企业就需要通过多元化的经营方式，寻找新的经营手段、新的经营方式以吸引顾客，获得新的经济增长点。已有人针对旅游行业上市公司多元化与经营业绩、经营风险的关系进行了相应的研究，但已有文献的研究却忽视了制度因素的独特性及其在多元化策略选择上的差异，这种差异一方面体现出了由于政治关联在多元化过程中产生的与政府部门交流、沟通及公关的便利性；另一方面在制度环境下，旅游企业需要辨别不同层级政府部门的权利和影响，从而根据自身拥有的政治资源采取行之有效的方法应对，而且在获得资源的同时需要将一些资源配置在发展与政府机构的关系上。

因此，本章选择从政治关联视角研究旅游企业多元化的问题，进一步拓展旅游行业公司金融研究中关于制度前因的研究，增强了政治因素在旅游公司金融问题中的解释力度。而选择基于政治关联的视角研究旅游企业问题的原因在于，一方面，近年来国内很多省市都非常重视开拓旅游资源，希望利用旅游资源带动地方经济的增长，而在这一过程中，很多旅游企业也同样希望考虑真实盈余管理所产生的中介作用，也就是说从政治关联的视角研究旅游企业问题，具有非常重要的现实意义；另一方面，旅游企业在中国仍然属于新兴行业的企业，行业内的很多制度并不完善，而企业可能会通过政治关联来应对因不完善制度而产生的挑战，所以这一研究有利于发现旅游企业在多元化过程中的不同选择与不同路径。

另外，与已有文献研究不同的是，一方面，本书认为政治关联是旅游行业企业为了应对外部制度环境，使多元化策略更具制度合法性而采取的重要措施，从而考虑到了政治关联性在多元化中产生的作用；另一方面，考虑到政治关联与多元化的中介影响，即旅游企业在多元化过程中为保持收益而进行的真实盈余管理，本章还分析了公司财务因素对公司治理产生的影响，从而能够更加真实地表现政治关联的相应作用。

5.1 制度背景与理论分析

5.1.1 政治关联与旅游行业企业多元化经营

由于中国政治经济以及资本市场的制度环境与西方差异较大，因此在研究中国企业多元化问题时并不能够完全套用已有理论、方法与结论，实际上中国企业的多元化经营本质上更是一种经济现象，其背后被隐藏的制度环境才更应该被关注（张敏和黄继承，2009），而这种制度环境就体现为制度政策的不确定性以及政府与企业间的复杂关系。于是，为了保持与政府间的良好关系，以便能够获得更多的政府资源，企业需要利用政治关联的形式维系这种关系。政治关联似乎并没有一个统一的明确定义，通常是指公司与拥有政治权力的个人间形成的隐性政治关系（吴文峰和吴冲锋，2009），也就是指具有政治背景的个人在公司中担任高管角色，从而使这种政治背景能够显性或隐性地发挥作用。从已有文献发现，虽然各国的政治体制与制度环境存在很大差异，政治关联表现也不尽相同，但作为一种有效资源，政治关联确实能够让企业享受优惠税率、较好的融资条件、较低的行业壁垒等（胡旭阳和史晋川，2008；Claessens 等，2000；

Francis 等，2009）。尤其是在当前中国的市场经济中，虽然市场化进程取得了进步，市场的不确定性降低，而且市场透明度也更高，但政府依然是大多数资源的主要分配者，政府对企业的影响也无处不在，这就促使企业需要建立与政府间的政治关联。

那么，政治关联会对多元化策略产生什么样的影响呢？首先，政治关联能够帮助企业打破行业壁垒，获得更多的政府支持与行业准入机会。Guillen（2003）、Chang 和 Hong（2002）发现，在韩国和印度的资本市场中，政府在授权、投资等方面的支持，会促使企业选择多元化经营。在中国，由于地方政府在资源分配过程中有着重要的影响，企业想进入一些行业就需要政府许可，政府充当着资源分配者的角色，因此只有对政府“公关”成功，才可能进入该行业。其次，在拥有政治关联的情况下，企业也能够获得更多的融资机会与优惠的融资条件，从而获得多元化策略的资金支持。一方面，政治关联作为一种有效的非正式替代机制，有利于帮助企业突破各种行政性准入壁垒以获得更多信贷支持；另一方面，利率优惠、税收优惠也是政治关联所能够提供的降低经营成本的途径（Khwaja 和 Mian，2005；邓新明，2011）。由于在有政治关联的企业中，管理层会更加熟悉政府的运作规则，与政府间的沟通也更为有效，从而促使企业利用“规则”办事，借助“关系”避免一些如乱摊派、乱收费等操作而产生的经营成本。最后，一些地方政府部门为了自身的政绩，会希望管辖下的企业进行多元化经营，而与政府关系相对密切的企业就成为被寻找的目标，理性的管理层会权衡其中的收益与成本，甚至可以趁此机会向政府寻求政策支持，也就可以选择迎合政府诉求。虽然这种多元化的策略具有一定的被动性，但对企业来说依然有利可图。

旅游产品的季节性和周期性，使旅游行业企业面临着瞬息万变的外部环境，尤其是外部政策的不断变化，而如何做出有效的调整决策就是旅游行业企业经营过程中的关键问题（王迪等，2014）。也正是因为制度环境的不健全，较多旅游行业企业都存在政治关联的行为，但是在制度变迁过程中，制度压力的存在会压缩政治关联的空间（李彬等，2011），使得企业需要利用已有的政治关系创造资源。从旅游行业企业近年来多元化的经营内容来看，“旅游 + 地产”“旅游 + 客运”及“旅游 + 文化”的模式最多，而这其中涉及的很多行业本身就是拥有行业壁垒、需要获得政府资质的，而且旅游行业的经营本身就需要在很多时候与政府相关部门打交道。另外，随着中国整体经济的发展，居民生活水平的提高，越来越多的人选择将旅游作为假期活动的首选，于是很多省市的政府也同样将旅游作为促进经济增长的重要动力。在这一过程中，很多省市政府日益重视旅游对于本地经济增长的影响，从而促使旅游企业与地方政府之间建立良好的关系，需要利用已有的政治资源更好地拉近与地方政府间的紧密联系。一方面，旅游企业希望通过政治关联的形式，获得更多的政府资源，从而让自身有机会涉足不同行业；另一方面，旅游企业也希望依靠与政府之间的关系，去拓展一些未涉足的领域，由于本身旅游企业的多元化大多为相关多元化，因此其多元化的成本相对较低，而若是可以通过政府的力量降低进入的门槛，则会进一步降低其多元化的成本。可见，政治关联会在旅游行业企业多元化策略中产生有益的推动。因此，本章提出相应的研究假说：

假说 1：政治关联与旅游行业企业多元化策略间存在显著的正相关关系，即相较于没有政治关联的旅游行业企业，有政治关联的旅游企业的多元化程度更高。

5.1.2 政治关联、真实盈余管理与旅游行业企业多元化经营

既然多元化有可能成为一种成本，企业就会利用盈余管理达到自己目的。一方面，在多元化企业中，多个行业的涉足必然使得企业占用很多资源，从而会影响短期内的业绩表现，也就激发了企业盈余管理的动机；另一方面，多元化企业组织结构的复杂性和业务多样性使得内外部信息不对

称性增强，也就为企业盈余管理提供了便利环境（Jiraporn 等，2008）。但是，若企业已经进行了较大程度的盈余管理，尤其是进行了较大程度的真实盈余管理，企业还会有能力与动力选择多元化策略吗？与传统的应计盈余管理相比，真实盈余管理是一种管理层为掩饰偏离真实经营活动的行为，而让利益相关者认为其已经进行了真实经营活动，从而达到与操弄财务报表一样能够达到的相似预期目标的行为（Roychowdhury，2006）。真实盈余管理本身操弄的就是企业真实经营行为，如销售行为、费用行为及生产行为等，这就意味着企业自身的经营可能已经出现了问题，所以也就没有能力再去进行多元化经营。同时，为了避免外界监管，真实盈余管理的操弄在各分部方向或步调必然要一致，这就会造成不同经营行业间的真实盈余管理成本出现差异，从而影响企业的多元化经营。

然而，在不完善的资本市场中，虽然政治关联成为一种具有替代性的工具，加强了企业与政府间的沟通，但是由于资本市场基本制度变迁、会计规范变化、产品市场竞争压力及审计质量提高等外部因素而产生的盈余管理外在成本的变化（袁玲，2015），依然使得管理层需要对政治关联对公司长期利益带来的政治优势与真实盈余管理产生的损害间的成本优势进行比较，同时还要考虑到多元化企业在政治关联过程中被证券市场与政府部门关注、多元化过程中被不同行业投资者及证券分析师关注以及真实盈余管理过程中监管会计信息的成本较高与业务操作透明度较低的特征，因此，理性的企业管理层就会更加倾向于相对成本具有优势的真实盈余管理，因为这同样会为企业带来一个“光鲜亮丽”的外表。所以，当企业需要利用政治关联的优势获得多元化经营的资格与资本时，一方面由于真实盈余管理会损失企业经营的现金流，又或是会真实地损害企业长远发展的能力，从而企业管理层的举措就会被影响，企业到底是否具备真实的支撑跨界经营的能力就会被怀疑；另一方面，政治关联本身也有成本，会无形中增加企业的被关注度，而多元化与真实盈余管理也都是极容易引起关注的行为，从而在真实盈余关联操弄下，额外的关注很可能造成企业更多问题的曝光。因此，考虑到真实盈余管理对公司价值的破坏以及对多元化经营环境与资本产生的不良影响，理性的管理层会降低利用政治关联为企业谋求多元化经营的机会，从而掩盖企业价值的损失，也为企业长期发展营造更为宽松的环境。

旅游企业的发展会受到所在区域社会经济水平、旅游业总收入、旅游产业政策等因素的影响，而且具有容易受重大事件影响的脆弱性（周春波，2014），尤其是近年来受到新旅游模式的巨大冲击，这些都极大地影响了旅游企业盈利的稳定性。因此，旅游企业就具有利用盈余管理稳定经营业绩与平滑利润的需要与动机。中国旅游企业普遍存在盈余管理现象，虽然测度的是旅游企业的应计盈余，但随着外部监管压力的增大，旅游企业中真实盈余管理的操弄力度也必然逐年递增（白雯，2014）。再加之旅游企业本身受到的关注度就非常多，盲目地利用其所掌握的政治优势为企业谋福利，可能会“物极必反”。因此，在存在真实盈余管理操弄的情况下，旅游企业政治关联优势对多元化的推动力必然会受到阻力。因此，本章提出相应的研究假说：

假说 2：真实盈余管理与旅游企业多元化策略间存在显著的负相关关系，即真实盈余管理程度越高，则旅游企业的多元化程度越低。

假说 3：政治关联与旅游企业多元化策略间的正相关关系受制于真实盈余管理，即考虑真实盈余管理的影响后，政治关联对多元化策略的正向影响被缩小了。

5.2 研究设计

5.2.1 指标选择与实证模型

1. 被解释变量

测度企业多元化策略（*DIV*）的指标有很多，有的是以企业选择了几个行业或几个产品经营衡量，有的则是以综合指标衡量，参考张敏和黄继承（2009）、王福胜和宋海旭（2012）研究，本书选择以赫芬达尔指数（*HHI*）和熵指数（*EI*）衡量旅游企业多元化程度，具体计算公式为式（5－1）与式（5－2），具体解释见第4章。

$$HHI = \sum P_i^2 \tag{5-1}$$

$$EI = \sum P_i \ln(1/P_i) \tag{5-2}$$

2. 解释变量

（1）政治关联（*PA*）：本书依据现任主要高管是否具有政治背景来判断企业是否存在政治关联，所认定的主要高管是指企业董事长、总经理及常务副总经理，而判定是否具有政治背景的主要根据是其是否为现任或前任的全国、各省市区级人大代表、政协委员、党代表及青联委员等，是否在政府机关担任主要领导职务以及是否曾经在旅游局等与旅游相关的事业单位担任主要领导，若企业主要高管中至少有一人具有政治背景，则认为该企业为具有政治关联的企业，$PA=1$，否则，$PA=0$。

（2）真实盈余管理（*RM*）：本书参考 Roychowdhury（2006）及李彬等（2009）的研究，在分别对销售操控、费用操控与生产操控进行相应计算的基础上再衡量真实盈余管理程度，具体计算公式为：

$$RM = ACFO + AEXP + APROD \tag{5-3}$$

在式（5－3）中，*ACFO* 为真实盈余管理中的销售操控部分，*AEXP* 为费用操控部分，而 *APROD* 为生产操控部分，三部分的计算公式分别为：

$$ACFO_t = \left(CFO_t - \begin{pmatrix} \alpha_1 S_t + \alpha_2 \Delta S_t + \alpha_3 \Delta S_{t-1} + \alpha_4 TC_t + \alpha_5 EC_t + \\ \alpha_6 OC_t + \alpha_7 C_t \end{pmatrix} \right) \tag{5-4}$$

$$AEXP_t = DISEXP_t - (\alpha_1 S_{t-1} + \alpha_2 C_t) \tag{5-5}$$

$$APROD_t = PROD_t - (\alpha_1 S_t + \alpha_2 \Delta S_t + \alpha_3 \Delta S_{t-1} + \alpha_4 C_t) \tag{5-6}$$

在上述三式中，*CFO* 为经营活动现金流净值，*DISEXP* 为营业成本与管理费用之和，*PROD* 为销售费用与存货变动之和，*S* 为营业收入，ΔS 为营业收入变动值，*TC* 为支付的各项税费，*EC* 为支付给职工以及为职工支付的现金额，*OC* 为其他与经营活动相关的现金额，*C* 为相应常数项，以上所有变量都被上年度资产总额处理，*t* 为年度。而为求得上述三式中的系数 α 值，还需要对这三式进行分年度回归，从而得到相应的 α 值。

为检验企业多元化经营过程中政治关联被真实盈余管理的受制性，本书加入相应的交互检验项，即 $P \times R = PA \times RM$。

3. 控制变量

本书加入相应的控制变量，具体包括：

每股收益（*Eps*）：以企业年末每股收益衡量；

资产负债率（*Debt*）：以企业年末负债总额与资产总额比值衡量；

资产总额（*Size*）：以企业年末资产总额的自然对数衡量；

股权集中度（*H*10）：以企业年末前十大股东持股比例平方和衡量；

控股属性（*Hs*）：以企业实际控股人属性的虚拟变量衡量，即若样本企业属于国有属性，则 $Hs=1$，否则 $Hs=0$。

4. 实证模型

根据本章提出的研究假说及选择的相应指标，本书构建相应的实证模

型，具体为：

$$DIV = \begin{pmatrix} \alpha_1 PA + \alpha_2 RM + \alpha_3 (P \times R) + \alpha_4 Eps + \alpha_5 Debt + \alpha_6 Size + \\ \alpha_7 H10 + \alpha_8 Hs + C + \varepsilon \end{pmatrix} \quad (5-7)$$

本书将根据研究需要对式（5－7）分开检验，其中 α 为待检验系数，C 为常数项，ε 为误差项。本章使用计量分析软件 Eviews 8.0 进行检验。

5.2.2 数据说明

与前文样本一致，考虑到上市公司信息披露相对完整，能够获得相应准确且具有连续性的数据，而且考虑到2007 年新会计准则在中国上市公司中的使用，为保证所选样本衡量指标的一致性，在剔除特殊处理样本、当年度上市公司样本、缺失数据且无法补充的上市公司样本后，最终得到2007—2014 年205 个中国旅游行业上市公司样本。本书政治关联数据来源于各年度上市公司定期财务报告的手工查找，其他指标的数据来源于国泰安数据服务中心、CCER 经济金融数据库。

5.3 实证分析结果

5.3.1 描述性统计

表5－1 列出本章主要变量的描述性统计结果。可以看出，变量 *HHI* 均值为0.599，变量 *EI* 均值为0.638，表明旅游行业上市公司的多元化程度并不高，低于上市公司的多元化均值水平（李捷瑜和江舒韵，2009；张敏和黄继承，2009），也低于制造业等行业的多元化均值水平（陈立泰和徐静，2012），但高于家电业等行业的多元化均值水平（余春芳，2013）。变量 *PA* 均值为0.420，表明样本中有四成多的旅游行业上市公司具有政治关联优势，这一水平高于上市公司平均水平，表明旅游行业上市公司更具有

政治关联性。变量 *RM* 均值为 -0.119，表明旅游行业上市公司整体呈现出负向的对真实盈余操弄。在控制变量中，变量 *Eps* 均值为 0.260，表明平均来看旅游行业上市公司每股收益约为 0.260 元；变量 *Debt* 均值为 0.394，表明平均来看旅游行业上市公司负债总额不到资产总额四成，旅游行业上市公司负债率并不高；变量 *Size* 均值为 21.220，表明旅游行业上市公司的资产总额约为 16.433 亿元；变量 *H*10 均值为 0.153，表明旅游行业上市公司股权集中度并不高；变量 *Hs* 均值为 0.702，表明在旅游行业上市公司中，有七成左右具有国有属性。

表 5-1　　　　政治特征样本描述性统计

	均值	中位数	最大值	最小值	标准差
HHI	0.599	0.539	1.000	0.152	0.234
EI	0.638	0.651	1.873	0.000	0.430
PA	0.420	0.000	1.000	0.000	0.495
RM	-0.119	-0.081	1.129	-2.661	0.313
Eps	0.260	0.170	1.510	-0.850	0.318
Debt	0.394	0.382	1.055	0.025	0.159
Size	21.220	20.951	25.276	18.551	1.069
*H*10	0.153	0.134	0.455	0.027	0.108
Hs	0.702	1.000	1.000	0.000	0.458

5.3.2　相关性检验

表 5-2　　　　政治特征样本相关性分析结果

	HHI	*EI*	*PA*	*RM*	*Eps*	*Debt*	*Size*	*H*10	*Hs*
HHI	1								
EI	-0.921***	1							
PA	-0.136*	0.127*	1						
RM	-0.088	0.080	-0.199***	1					

续 表

	HHI	EI	PA	RM	Eps	Debt	Size	H10	Hs
Eps	-0.267***	0.267***	0.056	0.160**	1				
Debt	0.096	-0.063	-0.089	0.134*	-0.217***	1			
Size	-0.290***	0.342***	-0.088	0.426***	0.527***	0.238***	1		
H10	-0.237***	0.262***	-0.043	0.185***	0.471***	-0.243***	0.423***	1	
Hs	-0.246***	0.256***	0.013	0.186***	0.472***	-0.040	0.378***	0.311***	1

注：***、**和*分别表示在1%、5%和10%置信水平下通过显著性检验。

表5-2列出本章实证变量的相关性检验结果，从检验结果来看，变量*HHI*与变量*EI*间的相关系数值较高，表明这两个变量对旅游行业上市公司多元化程度的衡量结果是一致的。而其他变量间的相关系数值并不高，表明实证变量间并不存在多重共线性问题，说明后文实证结果是可信的。

5.3.3 回归检验分析

表5-3 高管政治特征与多元化经营的回归检验结果

	HHI	EI	HHI	EI	HHI	EI
	(1)	(2)	(3)	(4)	(5)	(6)
PA	-0.070** (0.031)	0.130** (0.057)	—	—	-0.064** (0.034)	0.120** (0.062)
RM	—	—	0.302* (0.055)	-0.112*** (0.010)	0.334* (0.081)	-0.061* (0.015)
P×R	—	—	—	—	-0.041* (0.101)	-0.165* (0.183)
Eps	-0.010	-0.033	-0.021	-0.018	-0.009	-0.040
Debt	0.177*	-0.281*	0.187*	-0.297*	0.178*	-0.280*
Size	-0.055***	0.126***	-0.055**	0.133***	-0.057***	0.135***
H10	-0.138	0.343	-0.119	0.312	-0.137	0.349
Hs	-0.060*	0.109*	-0.062*	0.116*	-0.060*	0.113*
C	1.801***	-2.097***	1.771***	-2.207***	1.843***	-2.302***
Adj R^2	0.127	0.153	0.106	0.137	0.119	0.147
F statistic	5.947***	7.162***	5.045***	6.386***	4.444***	5.407***

注：***、**和*分别表示在1%、5%和10%置信水平下通过显著性检验，括号内为标准误差值。

表5－3列出了本章多元回归检验的结果。可以看出，各回归结果 *F* 统计量均可以通过常规置信水平的显著性检验，这表明被解释变量的实际分布与由解释变量拟合的预测值之间并不存在明显差异，从而回归结果可信。各回归结果调整 R^2 值平均为0.132，这说明旅游行业上市公司的多元化程度约在13.2%的程度上可以被政治关联及真实盈余管理所解释。

具体到各回归结果，解释变量 *PA* 与被解释变量 *HHI* 间存在负相关关系，与被解释变量 *EI* 间存在正相关关系，且均可以通过常规置信水平的显著性检验，这说明相较于没有政治关联的旅游行业上市公司，存在政治关联的旅游行业上市公司的多元化程度更高，说明政治关联的旅游行业上市公司可以获得更多资源，可以有更多途径分散风险，从而倾向于较高程度的多元化策略，这一结果验证了研究假设1；而解释变量 *RM* 与被解释变量 *HHI* 间存在正相关关系，与被解释变量 *EI* 间存在负相关关系，且均可以通过常规置信水平的显著性检验，这说明在旅游行业上市公司中，真实盈余管理程度越高，则多元化程度就相应越低，可见真实盈余管理的操弄浪费了企业资源，使得企业无法更大程度地投入到多元化经营中，这一结果验证了研究假设2；在考虑真实盈余管理的中介性后，回归结果（5）与（6）中解释变量 *PA* 依然与被解释变量 *EI* 间呈显著的正相关关系，而解释变量 *RM* 则依然与被解释变量 *EI* 间呈显著的负相关关系。但比较系数值来看，回归结果（5）系数值的绝对值要小于回归结果（1），而回归结果（6）系数值的绝对值也小于回归结果（2），这说明在考虑真实盈余管理的影响后，政治关联对多元化的影响被制约了，在旅游行业上市公司中，真实盈余管理的操弄会浪费政治关联所产生的优势，这一结果验证了研究假设3。

而在控制变量检验结果中，变量 *Debt* 与被解释变量间存在显著的负相关关系，表明负债率越高的旅游行业上市公司，其多元化程度越低；变量 *Size* 与被解释变量间存在显著的正相关关系，表明资产规模越大的旅游行业上市

公司，其多元化程度越高；变量 *Hs* 与被解释变量间存在显著的正相关关系，表明与非国有企业相比，国有旅游行业上市公司的多元化程度更高；而变量 *Eps* 及变量 *H*10 均未能与被解释变量间呈现出显著的关系，表明每股收益及股权集中度并没有对旅游行业上市公司多元化程度产生明显影响。

考虑到本章设定的政治关联变量为虚拟变量，因此为了更好地衡量不同政治关系下旅游行业上市公司多元化程度的差异，即不同政治关系下真实盈余管理对多元化的影响，本书参考 Bowerman 和 O' Connell (1990) 的方法，利用图示表现。

首先，将式（5－7）中虚拟变量的系数值与变量中位数相乘并与常数项相加后得到：

$$HHI = -0.064PA + 0.334RM - 0.041(P \times R) + 0.638 \qquad (5-8)$$

$$EI = 0.120PA - 0.061RM - 0.165(P \times R) + 0.575 \qquad (5-9)$$

由于变量 *PA* 为虚拟变量，因此以上两式均可以分为两部分，一部分为有政治关联的，而另一部分则为没有政治关联的。在没有政治关联的样本中，即当 $PA=0$ 时，则：

$$HHI = 0.334RM + 0.638 \qquad (5-10)$$

$$EI = -0.061RM + 0.575 \qquad (5-11)$$

而在有政治关联的样本中，即当 $PA=1$ 时，则：

$$HHI = -0.064PA + 0.334RM - 0.041RM + 0.638$$
$$= 0.293RM + 0.574 \qquad (5-12)$$

$$EI = 0.120PA - 0.061RM - 0.165RM + 0.575$$
$$= -0.226RM + 0.695 \qquad (5-13)$$

因此，分别将上述四式表现在图 5－1 与图 5－2 中。

从图 5－1 来看，政治关联的旅游行业上市公司与无政治关联的旅游行业上市公司表现出真实盈余管理对多元化变量 *HHI* 的不同程度影响。在旅游行业上市公司中，真实盈余管理对 *HHI* 的影响在无政治关联样本中表现得更大，也就是说，相较于政治关联样本，无政治关联样本中真实盈余管理程度越高，则 *HHI* 数值越高，即多元化程度越低，而在真实盈余管理均值水平上（$RM = -0.119$），同样是政治关联旅游行业上市公司多元化程度更高，这也与前文结论一致。而图 5－2 内容与图 5－1 相似，由于变量 *HHI* 与变量 *EI* 负相关，从而虽然图形表现不同，但存在的意义却是完全相同的，容易表现出政治关联的旅游行业上市的多元化程度较之无政治关联旅游行业上市公司更高，而且真实盈余管理对多元化的影响程度也存在差异。

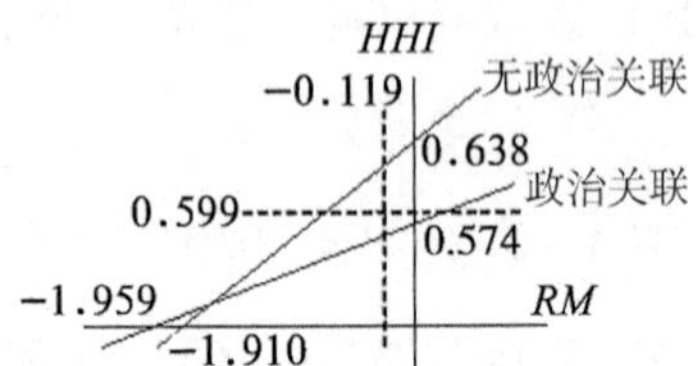

图 5－1　式（5－10）与式（5－12）的图示结果

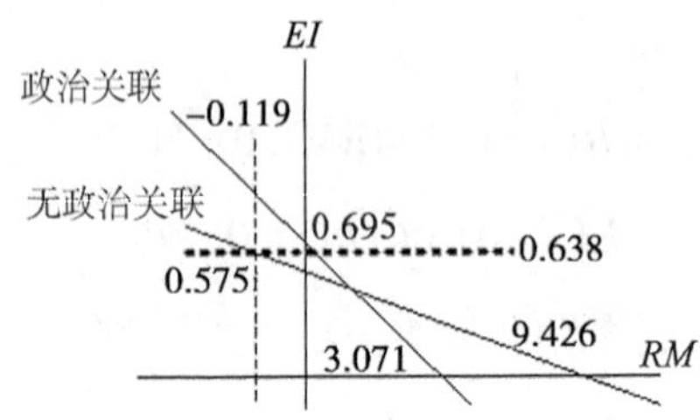

图 5－2　式（5－11）与式（5－13）的图示结果

5.3.4　稳健性检验

为检验回归结论稳健性，本章将进行相应稳健性检验。首先，部分文献衡量多元化的赫芬达尔指数为 $HHI = 1 - \sum P_i^2$，因此利用该指数衡量旅游行业上市公司多元化程度后进行回归检验；其次，考虑到回归结果中变

量 *Eps* 及 *H*10 并未能通过常规置信水平的显著性检验，说明这两个变量对旅游行业上市公司多元化的影响并不确定，因此去除这两个变量后进行回归检验；最后，本书将控制样本年度影响后再进行回归检验。而稳健性检验的回归结果并未与前文回归检验结果出现明显差异，从而可以认为本书的研究结论是稳健的。

5.4　本章小结

多元化一直是一个困扰学术界与实务界的难题，不同文献从不同视角进行了相应的研究，但依然有很多与多元化相关的问题并没有被合理解释。而旅游行业在中国又是一个较为特殊的行业，在互联网时代经受着较大的压力与挑战。因此，本章利用 2007—2014 年 205 个中国旅游行业上市公司样本，实证检验了政治关联、真实盈余管理对旅游行业上市公司多元化经营的影响，并考虑了真实盈余管理在政治关联与旅游行业上市公司多元化间的中介作用。研究发现，政治关联与旅游行业上市公司多元化程度间存在显著的正相关关系，即相较无政治关联的旅游行业上市公司，政治关联的旅游行业上市公司的多元化程度更高，而真实盈余管理与旅游行业上市公司多元化程度间存在显著的负相关关系，即真实盈余管理程度越高，则多元化程度越低。考虑真实盈余管理的中介作用后发现，政治关联对多元化的影响被制约了，而且进一步研究也发现，在不同政治关联程度的旅游行业上市公司中，真实盈余管理对多元化的影响程度也存在差异。

在现代互联网时代中，尤其是随着移动互联网和手机 APP 功能的增加，旅游企业受到了极大冲击，加之很多年轻人更加青睐自由行，这就制约了旅游企业的发展，因此在这一环境下，旅游企业如何更好地多元化，更好地通过其他行业的发展适应现代环境，从而创造更多利润，就是一个值得学术界与实务界持续关注的问题。同时，“定制旅游”也是当前旅游企业重要的发展方式，旅游企业如果能够借助定制旅游的契机，结合已有行业创造更好的发展前景，也应是一个值得持续关注的问题。

另外，本章的经验证据表明，政治关联的行为有助于旅游企业的多元化程度。而目前旅游上市公司中的政治关联程度本身就较高，这说明很多旅游企业已经利用自身拥有的政治资源拓展业务。但必须指出的是，随着旅游行业制度的不断规范化以及更多旅游企业逐渐获得政治资源，政治关联还能够在很大程度上带给旅游企业多元化的利益，尤其是随着地方政府逐渐对旅游市场保护力度的加大，旅游企业是否会利用更高层次的政治资源去拓展不同地域的多元化市场，也应该是进一步研究重点关注的内容。

6 高管性别特征与多元化经营

伴随着旅游行业的蓬勃发展，旅游行业在中国经济发展中的地位日益凸显，已经成为中国第三大支柱产业。如前文所述，随着中国人均 GDP 的增长，越来越多的人希望能够在工作之余出去旅游，这就为旅游行业企业的发展提供了机会。越来越多的旅游企业转变思路，以多元化的方式开始进行新的经营模式，这也为旅游行业的进一步发展提供了新的思路与模式。多元化的经营模式对企业有利有弊，能够以范围经济、协同效应以及分散风险的模式带给企业收益，但也会存在过度投资、跨行业补贴、代理成本增加以及信息不对称等诸多问题（Weston，1970；Myerson，1982）。而前文的经验证据同样表明，在中国的旅游行业中，多元化的经营模式虽然能够降低风险，但未必会产生额外的收益。

如前文所述，已有针对旅游行业上市公司多元化进行的研究，研究内容多是旅游行业上市公司多元化行为与公司价值、公司风险等的关系，却忽视了多元化行为中“人”的因素所产生的影响。也就是说，高管自身的特征因素会对多元化产生明显的影响，McCain 等（1983）就构建了组织人口模型，认为公司的人口统计学组成，即性别特征、年龄特征等不仅影响个人行为，还影响着公司层面的行为，而 Hambrick 和 Mason（1984）提出的“高层梯队理论”，也以年龄、性别、任期、学历、工作经历等特征为变量，研究了对高管行为选择、公司绩效等的影响。

与已有文献不同的是，本章重点关注高管性别差异所产生的影响。改革开放三十多年来，党和政府已经充分调动和发挥女性参与经济建设的积极性，女性地位逐步提高。且《中国妇女发展纲要（2001—2010）》要求，“结合建立现代企业制度的实践，注意培养和发现高层次的女性管理人才”。随着近年来女性高管数量的不断增加，其在现代企业管理中也发挥着越来越重要的作用。由于公司高层管理者是决定公司发展、影响公司决策制定的核心团体，而男性高管与女性高管会因为性别差异，在性格、脾气及对待问题的态度与认识等方面存在一定的差异，从而使不同性别的高管最终做出的决策不尽相同。首先，相对于女性高管，男性高管考虑问题更理性，更深远，因此男性高管比重越大则更利于企业应对长远发展战略中所面临的问题与风险；其次，男性高管相比女性高管更多表现出过度自信，更愿意选择高风险高回报的企业发展战略，而女性高管的风险偏好较低，在企业战略变革的选择过程中会更加谨慎，这对企业的多元化发展是有一定的阻碍作用的；最后，对于急需多元化发展的旅游行业上市公司而言，高管性别特征已成为其多元化程度至关重要的一个因素。而从已有文献的研究来看，杜兴强和冯文滔（2012）就发现，女性高管在国有上市公司管理层中所占比例不断上升，女性高管已经成为国有上市公司决策制定过程中不可忽视的重要力量；连兵和徐晓莉（2015）的研究也发现高管人员的性别与其公司的经营业绩之间存在显著的相关关系；曾萍和邬绮虹（2012）的研究同样发现女性董事比例与公司财务绩效之间存在显著的负相关关系，即女性高管人员占管理层团队的比重越高，则相应的企业绩效就表现得越差。

因此，本章将基于高管性别特征研究旅游上市公司的多元化问题，主要基于旅游行业上市公司的女性高管所占比例以及董事长与总经理的性别组合对多元化策略的影响进行相应的研究。

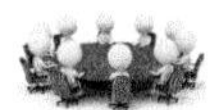

6.1 制度背景与理论分析

6.1.1 高管性别特征与旅游行业企业多元化经营

从历史视角来看，在父系社会建立之后，社会的发展以及经济的发展便一直体现着浓厚的男性主导趋向，大部分社会环境中的主要力量都是男性为主，尤其是在中国，从封建社会开始，男性占据了社会的主体，如各个朝代的帝王（除武则天时期，但其也是中国历史上仅有的一位女性帝王）。女性在中国的传统社会中被更多地定性为家庭角色，而其社会角色几乎忽略不计。在现代社会中，男性是社会发展的中坚力量，占据了社会发展中更多的资源，相应地也就创造了更多的价值，如当前各国政要主要是由男性担任，很多大型企业的创始人及当前的高管同样是男性，如微软的比尔·盖茨、ZARA 的阿曼西奥·奥特加（Amancio Ortega）等。在中国现代经济发展过程中，大多数大型知名企业的知名高管同样是以男性作为主要成员，如阿里巴巴的马云、万科的王石、新东方的俞敏洪等，均为男性。但是随着当前社会的进步以及女权运动的不断兴起，性别平等观念进一步深入，女性接受教育也越来越普及，更多的女性逐渐进入社会舞台，加入劳动力市场乃至进入管理阶层。如韩国前总统朴槿惠、德国总理默克尔等都已经成为一个国家的领导人，如 IBM 的罗睿兰（Virginia Rometty）、惠普的梅格·惠特曼（Meg Whitman）等也都是业界范围内知名的高管，而在中国大型企业中同样有女性作为主要高管，如华为的孙亚芳、格力电器的董明珠、长城汽车的王凤英，都是中国企业中有名的商界女性。2013年《胡润女富豪榜》中，中国身价百亿元以上的女富豪达 10 位，碧桂园的副主席，年仅 32 岁的杨惠妍更是以 510 亿元的身价摘得 2013 年《胡润女富豪榜》的头筹。可见，女性高管在企业中的位置正在逐渐上升，由女性高管掌管的企业同样能够在市场中占据重要位置。很多国家已经以法律法规的形式规范董事会中女性的最低比重，给予了女性高管在企业中位置的肯定。例如，2003 年挪威就通过一项法案，要求到 2008 年所有的挪威上市公司有义务为女性保留董事会 40% 的相应席位；2010 年法国通过的科佩－齐默尔曼法也明确规定，2010—2017 年，企业中的女性领导者的配额需要达到 40%；而德国于 2015 年同样也通过一项“男女平等”法律，要求从 2016 年起，特定人数以上的大企业高管及董事会成员中的女性人数不得少于 30%。

然而，即使在当前男性与女性并不存在性别差异、男性与女性均具有社会同等地位、均可以掌权企业的情形下，由于男性与女性生理、心理、脾气、性格等的天生差异，也会造成不同性别的企业管理者做出的决策有明显差异。首先，性别差异会表现为风险厌恶方面的巨大差异，女性相较于男性会表现出更低的风险倾向。Peng 和 Wei（2007）研究指出，相比男性高管，女性高管较少表现出过度自信，更愿意选择较为保守的投资策略。男性管理者与女性管理者在企业投融资决策方面存在明显差异，女性管理者由于更不喜欢风险，从而会倾向更低的杠杆比率、更小的盈余波动以及更好的企业生存环境（Knight，1999；Faccio 和 Larry，2002）。在这种情况下，女性管理者会使企业多元化存在较大的风险，所以就会更加倾向于保持当前已有的经营成果，而不会贸然冒险。其次，与对待风险的态度类似的是，不同性别对于新鲜事物的喜好与冒险精神也存在差异，即不同性别存在性别气质的差异。相较于男性，虽然女性接受新鲜事物较快，但灵活性与实际运用能力却不如男性，从而在企业中，虽然女性管理者能够接受多元化的事物，却并不一定会广泛地运用及开展多元化的经营，并不一定会灵活地处理多元化与企业其他投资事项之间的关系，也就可能制约多元化的整体程度。另外，与男性管理者相比，女性管理者可能会更为理智，从而出现过度自信的可能性就会降低（Bengtssonl，2000）。女性管理

者对投资决策的现金流更为敏感（Peng 和 Wei，2007），通常不会鲁莽与冲动地做出决策，也不会轻易地将自己的观点认为是“全对”或是“全错”，更可能听取别人的意见。而男性管理者过度自信的概率远大于女性管理者，会存在“自以为是”的现象，会盲目乐观地高估自身价值及过低地衡量风险与危险，从而盲目地做出多元化的决策。已有文献的研究结论也支持了这一观点，陈传明和孙俊华（2008）认为，与女性企业家经营的企业相比，男性企业家经营的企业的多元化程度相对更高，而郑涛和邱明寰（2013）的研究也得到了相同的结论。

与此同时，女性高管也在中国旅游行业上市公司中占据重要的位置。但是，在更多的旅游企业中，依然是由男性占据企业中的核心位置与主导位置，这其中缺乏相应的制度建设与外界监督，从而制约了女性高管的发展。例如，万科总裁王石先生在中央电视台《开讲啦》栏目中对于女性商业领导力的演讲中曾经指出，中国企业中现在缺乏对于女性高管的制度建设，并没有系统地培养女性管理者，没有从董事会层面、从管理层层面对等女性比例。可见，当前在中国资本市场中，在中国旅游行业上市公司中，依旧需要对于女性管理者利益的保护，包括选拔机制、培养机制、激励机制、竞争机制等多层面的综合设计，以保证女性管理层能够更好地为企业经营提供智力支持。综上所述，本章提出相应的研究假说：

假说 1：性别差异对企业多元化程度产生明显的影响，即相较于男性高管，女性高管的中国旅游行业上市公司的多元化程度更低。

6.1.2 高管性别组合与旅游行业企业多元化经营

除了企业高管的个人性别特征，高管之间的性别搭配也会对企业决策产生重要的影响。对一个企业的发展产生决定性作用的往往是总经理与董事长，从而总经理与董事长之间的性别组合，二者在性别上是互补还是重合，就会对双方之间在处理分歧、做出决策等方面产生影响。

中国有句老话叫“男女搭配，干活不累”，是说当性别不同的人组合为一个团体时，不同性别的人会潜意识地以良好的表现取悦对方，从而可能会迸发出非凡的创造力，会更为愉快地工作，这也是被心理学认可的观点。而认知一致性理论认为，性别多元化的董事会更容易导致观点分歧。Richard 等（2013）研究发现，性别多元化使性别相同的董事更认同彼此的观点，并且使得性别不同的董事之间观点的分歧和冲突加深，从而导致董事会决策的迟滞，而这种迟滞的决策对于需要对市场变化做出迅速反应的竞争性企业而言是不利的（Williams，1988）。虽然董事会性别多元化可使企业在思考战略问题时有更广阔的视角，但如果市场需求变化需要企业作出迅速反应时，这种性别多元化优势将被迟滞的决策程序所抵消（Hambrick 和 Mason，1984）。男性与女性之间在多方面存在差异，因此若企业中的总经理与董事长性别存在差异时，往往会存在互补的状况，女性高管会因其相对较为细致的特征，弥补男性高管的一些粗心大意。这虽然是好事情，但也会因为女性高管的细心谨慎，导致企业在面临风险投资时畏手畏脚，从而缺少积极主动的冲劲。

然而，当企业总经理与董事长性别相同时，往往会避免一些因性别差异而产生的分歧。由于双方性别相同，从而双方之间的观点、看法、意见可能会存在趋同性，例如，当总经理与董事长均为男性时，往往对待风险的态度都是激进的，进而双方做出的决策也就会有相似之处，避免了因性别差异而产生的磨合。同时，若董事长与总经理性别不同，往往会因为风险偏好、战略关注点以及对成就感的追求存在强烈的程度差异，从而延迟决策的产生。由于女性高管更加注重企业的稳定发展与长期发展，并不会允许男性高管盲目地做出多元化的决策，往往会经过相对严密的调查，才更可能最终决定，而这很可能与男性高管积极、主动的行为存在相悖之处。何威风和刘启亮（2010）就发现，高管团队与董事长性别差异会对企业决策产生明显的影响。杨林和杨倩（2012）也认为，当高管性别存在差

异时，代理成本会变得更高，这就加大了企业做出一些决策时的难度。可见，当企业高管性别相同时，尤其是总经理与董事长都为男性时，往往相互之间的观念差距较小，对待风险的态度较为一致，从而选择多元化经营的可能性增加，更高程度地进行多元化经营的可能性也会随之增加。综上所述，本章提出相应的研究假说：

假说 2：性别组合对企业多元化程度产生明显的影响，即相较于总经理与董事长性别的差异，总经理与董事长性别相同的中国旅游行业上市公司的多元化程度更高。

6.2　研究设计

6.2.1　指标选择与实证模型

1. 被解释变量

测度企业多元化策略（*DIV*）的指标有很多，有的是以企业选择了几个行业或几个产品经营衡量，有的则是以综合指标衡量，参考张敏和黄继承、王福胜和宋海旭研究（张敏和黄继承，2009；王福胜和宋海旭，2012），本章选择以赫芬达尔指数（*HHI*）和熵指数（*EI*）衡量旅游企业多元化程度，具体计算公式为式（6-1）与式（6-2），具体解释见第4章。

$$HHI = \sum P_i^2 \tag{6-1}$$

$$EI = \sum P_i \ln(1/P_i) \tag{6-2}$$

2. 解释变量

（1）女性高管比重（*WR*）：根据现任女性总经理在现任总经理总人数中所占的比例来衡量女性高管的比重。

（2）高管性别组合（CW）：采用虚拟变量赋值法，依据现任董事长与总经理的性别是否存在差异进行衡量，进而分析其对旅游企业多元化策略的影响。若现任董事长与总经理的性别相同，则认为该企业高管性别组合 $CW=1$，否则，$CW=0$。

3. 控制变量

与前文一致，分别加入相应的控制变量，具体包括：

每股收益（Eps）：以企业年末每股收益衡量；

资产负债率（$Debt$）：以企业年末负债总额与资产总额比值衡量；

资产总额（$Size$）：以企业年末资产总额的自然对数衡量；

股权集中度（$H10$）：以企业年末前十大股东持股比例平方和衡量；

控股属性（Hs）：以企业实际控股人属性的虚拟变量衡量，即若样本企业属于国有属性，则 $Hs=1$，否则，$Hs=0$。

4. 实证模型

根据本章的研究假说及选择的相应指标，构建相应的实证模型，具体为：

$$DIV=\begin{pmatrix}\alpha_1 WR+\alpha_2 CW+\alpha_3 Eps+\alpha_4 Debt+\alpha_5 Size+\alpha_6 H10+\\ \alpha_7 Hs+C+\varepsilon\end{pmatrix} \quad (6-3)$$

本章将根据研究需要对式（6-3）中包含的变量进行检验，其中 α 为待检验系数，C 为常数项，ε 为误差项。本章使用计量分析软件 Eviews 8.0 进行检验。

6.2.2 数据说明

与前文一致，本章以 2007—2014 年 205 个中国旅游行业上市公司为原始检验样本。由于部分上市公司并未披露总经理或董事长的性别，而且剔除了总经理与董事长兼任的样本，所以得到 2007—2014 年 111 个样本作为本章的实证检验样本。

6.3　实证分析结果

6.3.1　描述性统计

表 6－1　　　　　　　　　　性别特征样本描述性统计

	均值	中位数	最大值	最小值	标准差
HHI	0. 589	0. 539	0. 982	0. 152	0. 222
EI	0. 639	0. 651	1. 873	0. 013	0. 387
WR	0. 063	0. 000	1. 000	0. 000	0. 224
CW	0. 874	1. 000	1. 000	0. 000	0. 333
Eps	0. 226	0. 133	1. 074	－0. 380	0. 276
Debt	0. 387	0. 369	0. 803	0. 101	0. 158
Size	20. 959	20. 847	22. 946	19. 963	0. 644
*H*10	0. 160	0. 159	0. 394	0. 031	0. 095
Hs	0. 748	1. 000	1. 000	0. 000	0. 436

表 6－1 列出了本章样本主要的描述性统计结果。可以看出，变量 *HHI* 均值达到 0. 5 以上，变量 *EI* 均值达到 0. 6 以上，这表明旅游行业上市公司的多元化程度并不高；变量 *WR* 均值为 0. 063，说明样本女性高管比例低于一成，仍处在较低水平；*CW* 均值为 0. 874，说明样本中有近九成的旅游行业上市公司中总经理与董事长的性别是不同的，更多上市公司的总经理与董事长并非同性别构成。在控制变量中，变量 *Eps* 均值高于 0. 20，表明平均来看旅游行业上市公司每股收益大于 0. 2 元；变量 *Debt* 均值为 0. 387，表明平均来看旅游行业上市公司负债总额接近资产总额的四成，旅游行业上市公司负债率并不高；变量 *Size* 均值约为 20. 959，表明样本旅游行业上市公司的资产总额约为 12. 658 亿元；变量 *H*10 均值为 0. 160，表明旅游行业上市公司股权集中度并不高；变量 *Hs* 均值约为 0. 748，表明在样本中的

旅游行业上市公司中，约有七成半的样本具有国有属性。

6.3.2 相关性检验

表 6-2 性别特征样本相关性分析结果

	HHI	EI	WR	CW	Eps	Debt	Size	H10	Hs
HHI	1								
EI	-0.914***	1							
WR	0.122*	-0.096*	1						
CW	-0.001	0.029	-0.683***	1					
Eps	-0.073***	0.039***	-0.092	0.025**	1				
Debt	0.141*	-0.066	0.437***	-0.143*	-0.259***	1			
Size	-0.127***	0.195***	0.530	-0.543***	0.280***	0.209***	1		
H10	-0.183***	0.301***	0.072	-0.173***	0.437***	-0.176***	0.415***	1	
Hs	-0.093***	-0.005***	0.051	-0.158***	0.395***	-0.100	0.312***	0.349***	1

注：***、**和*分别表示在1%、5%和10%置信水平下通过显著性检验。

表 6-2 列出了本章实证变量的相关性检验结果。从检验结果来看，变量 *HHI* 与变量 *EI* 间的相关系数值较高，表明这两个变量对旅游行业上市公司多元化程度的衡量结果是一致的。而其他变量间的相关系数值并不高，表明实证变量间并不存在多重共线性问题，从而后文实证结果是可信的。

6.3.3 回归检验分析

表 6-3 高管性别特征与多元化经营的回归检验结果

	HHI	EI	HHI	EI	HHI	EI
	(1)	(2)	(3)	(4)	(5)	(6)
WR	0.212* (0.112)	-0.427*** (0.187)	—	—	0.227* (0.137)	-0.334* (0.228)
CW	—	—	-0.070* (0.077)	0.241* (0.128)	0.018* (0.093)	0.112* (0.155)
Eps	0.087	-0.230	0.072	-0.226	0.085	-0.245

续　表

	HHI	*EI*	*HHI*	*EI*	*HHI*	*EI*
	(1)	(2)	(3)	(4)	(5)	(6)
Debt	0.128 *	-0.015	0.227 *	-0.222	0.120	-0.065 *
Size	-0.082 *	0.174 * * *	-0.062 *	0.166 * *	-0.079 *	0.191 * * *
*H*10	-0.273	1.242 * * *	-0.297	1.290	-0.272	1.252 * * *
Hs	-0.024	-0.086	-0.014	-0.101	-0.024	-0.087
C	2.276 * * *	-3.057 * * *	1.911 *	-3.053 * *	2.206 * * *	-3.486 * * *
Adj R^2	0.121	0.121	0.111	0.107	0.128	0.117
F statistic	1.696 *	3.524 * * *	1.209	3.201 * * *	1.446	3.081 * * *

注：* * * 、* * 和 * 分别表示在1%、5%和10%置信水平下通过显著性检验，括号内为标准误差值。

表6-3列出了本章多元回归检验的结果。可以看出，回归结果中的F统计量均可以通过常规置信水平的显著性检验，这表明被解释变量的实际分布与解释变量所拟合的预测值之间并不存在明显差异，因此回归结果可信。由回归结果调整 R^2 值可以得出，旅游行业上市公司的多元化程度在10%以上的程度可以被高管性别特征所解释。

具体到各回归结果中解释变量的结果，回归结果（1）与回归结果（2）中的解释变量均能够通过常规置信水平的显著性检验，这表明旅游行业上市公司中的女性高管比例越高，则相应的旅游行业上市公司的多元化程度越低，可见相较于男性高管，女性高管掌管的旅游行业上市公司，更不倾向于进行多元化的经验模式，这一结果验证了前文的假说1；回归结果（3）与回归结果（4）中的介绍变量也均能够通过常规置信水平的显著性检验，这表明在旅游行业上市公司中，如果总经理与董事长的性别相同，则公司进行多元化的可能性会更高，可见当董事长与总经理性别相同时，其合作进行多元化的概率就会更高，这一结果也验证了前文的假说2。而在回归结果（5）与回归结果（6）中，变量 *WR* 与变量 *CW* 的结果与前述的回归结果相似，而且均能够通过常规置信水平的显著性检验，这一结果进一步验证了假说1与假说2。

在控制变量检验结果中，变量 *Debt* 与被解释变量间存在显著的负相关关系，表明负债率越高的旅游行业上市公司，其多元化程度更低；变量 *Size* 与被解释变量间存在显著的正相关关系，表明资产规模越大的旅游行业上市公司，其多元化程度更高；变量 *H*s 与被解释变量间存在显著的正相关关系，表明与非国有企业相比，国有旅游行业上市公司的多元化程度更高；而变量 *Eps* 及变量 *H*10 均未能与被解释变量间呈现显著关系，表明每股收益及股权集中度并没有对旅游行业上市公司多元化程度产生明显影响。这一结果与前文的研究结论具有相似之处。

6.3.4 稳健性检验

与前文相似，为检验回归结论的稳健性，本章进行相应稳健性检验。首先，部分文献衡量多元化的赫芬达尔指数为 $HHI = 1 - \sum P_i^2$，因此继续利用该指数衡量旅游行业上市公司多元化程度后进行回归检验；其次，考虑到回归结果中的变量 *Eps*、*H*10 及 *Hs* 并未能通过常规置信水平的显著性检验，说明这两个变量对旅游行业上市公司多元化的影响并不确定，因此去除这两个变量后进行回归检验；再次，控制样本年度影响后进行回归检验；最后，对样本根据国有上市公司样本与非国有上市公司样本进行分类后，进行相应的检验。而稳健性检验的回归结果并未与前文的回归检验结果出现明显差异，从而可以认为本章的研究结论是稳健的。

6.4 本章小结

多元化一直是困扰学术界与实务界的一道难题，不同文献从不同视角进行了相应的研究，但依然有很多与多元化相关的问题并没有被合理解释。而旅游行业又是一个在中国较为特殊的行业，在互联网时代中经受着

巨大的压力与挑战。与已有文献基于管理层其他视角进行研究不同的是，本章基于管理层中的性别视角进行相应的研究。本章从 2007—2014 年 205 个中国旅游行业上市公司样本中筛选出 111 个样本，实证检验了高管性别特征对旅游行业上市公司多元化经营的影响。

本章研究得出结论如下：一方面，女性高管比例与旅游行业上市公司多元化程度存在显著的负相关关系，公司的女性高管比例越高，企业多元化程度越低。女性高管由于在家庭中也扮演着重要的角色，因此在企业工作中精力的投入会受到一定的影响；女性高管在看问题的高度上以及决策的果断性上不如男性，男性高管考虑问题更理性、更深远；并且女性相较于男性会表现出更低的风险倾向，面对企业实施多元化策略所存在的风险，女性高管会更倾向保持当前已有的经营成果而不会冒险。因此在旅游行业上市公司中，男性高管比重越大，越容易发生企业的战略变革，企业多元化程度也越高。另一方面，相较于总经理与董事长性别的差异，总经理与董事长性别相同的中国旅游行业上市公司的多元化程度更高。由于男性与女性之间在多方面存在差异，女性高管较男性高管更细心谨慎，当企业面临风险投资时会更犹豫不决，从而使管理团队整体缺乏积极主动的冲劲。且当总经理与董事长性别相同时会更认同彼此的观点，而性别不同将会使各自观点的分歧和冲突加深。当董事长与总经理均为男性时，他们对待风险的态度均表现为激进且不会因性别差异而产生磨合，因而双方做出的决策也就会有相似之处。当董事长与总经理性别不同时，他们的风险偏好、战略关注点以及对成就感的追求程度存在较大差异，因而会延迟企业多元化决策的产生。因此在旅游行业上市公司中，董事长与总经理性别相同时更倾向于企业实施多元化策略，公司的多元化程度也会提高。

在现代互联网时代中，尤其是随着移动互联网和手机 APP 功能的增加，从而使得旅游行业上市公司受到了极大的冲击，加之很多年轻人更加青睐自由行，这就制约了旅游企业的发展，因此在这一环境下，旅游企业如何更好地实现多元化，更好地通过其他行业的发展适应现代环境，从而创造更多利润，就是一个值得学术界与实务界持续关注的问题。同时，“定制旅游”也是当前旅游企业重要发展的方式，旅游企业如果借助定制旅游的契机，结合已有行业创造更好的发展前景，也应是一个值得持续关注的问题。

7 高管专业特征与多元化经营

作为第三产业的旅游行业，是当前世界经济中发展最快的新兴产业之一。尤其是中国经济的发展，更是为旅游行业的发展提供了条件与机遇。虽然面临着互联网与移动互联网技术的冲击，但旅游行业依然具有良好的发展机遇，尤其是对于旅游行业的上市公司，更是机遇与挑战并存。因此，旅游企业在当前环境下，寻找新的经营手段、新的经营方式吸引顾客，就成为获得新的经济增长点的必要措施。于是，多元化的经营模式就是旅游企业在当前一种可持续的发展模式。近年来，随着中国经济的不断发展，越来越多的企业已形成以多元化方式开展经营活动的趋势。多元化是企业不局限于只经营一种产品或一个行业，而是跨产品或跨行业经营的一种策略，是企业经营发展到一定阶段，有足够资金实力与经验后做出的发展选择。多元化策略可以让企业降低发展的风险，也可以为企业带来更好的市场价值，使得市场投资者会追求这些企业的成长性。当然，多元化也可能是成本，也可能仅是一种短期的机会主义行为，导致企业投资扭曲和绩效损失。如前文所述，多元化的经营模式能够以范围经济、协同效应以及分散风险的模式带给企业收益，也会存在过度投资、跨行业补贴、代理成本增加以及信息不对称等诸多问题（Weston，1970；Myerson，1982）。

已有文献并没有更多地基于多元化中的“人”的视角展开相应的研究。从 Hambrick 和 Mason（1984）提出的“高层梯队理论”开始，更多文献开始逐渐关注高管的年龄、性别、任期、学历、工作经历等背景对公司行为产生的相应影响。Tihanyi 和 Ellstrand（2000）就发现高管团队受教育水平程度越高，团队获得的有效信息就会越多，因而越有可能制定有利于公司发展的战略，从而进行更广泛的多元化经营。陈传明和孙俊华（2008）也从高管的教育背景角度分别验证了高管背景特征与企业战略变化、国际化战略选择与多元化战略选择之间的相关性。

而与以往相关研究不同的是，本章重点研究高管专业特征对旅游行业上市公司多元化策略的影响。在改革开放三十多年来，我国科学技术不断进步，科技对于公司可持续发展的作用越来越重要。作为公司领导者的高层管理者，首先，其自身的学历背景及相关专业知识的掌握程度会影响公司的多元化策略的实施；其次，高管自身的管理能力会对公司长远发展具有相应的指导作用，这些因素都取决于高管的受教育程度。高管专业特征因素对企业多元化策略产生的影响，一方面是由于高管的学历背景，即文化程度的差异；另一方面表现在高管的行业特征，即职业经历。另外，本章还会考虑独立董事制度存在所产生的中介影响。随着独立董事制度的建立，我国的公司治理机制也在不断完善。独立董事会利用其自身的外部监管作用以及其相应的专业特征，对公司决策提出相应的建议，从而改善公司治理及提高决策实施的完善性。

因此，本章将选择基于高管专业特征研究旅游企业多元化的问题，主要基于旅游行业上市公司高管的专业特征，即高管的学历背景以及高管是否有过旅游行业的相关职业经历对多元化策略的影响，同时还研究独立董事制度的存在与高管专业特征对旅游行业上市公司多元化经营中所产生的中介影响。

7.1 制度背景与理论分析

7.1.1 高管学历背景与旅游行业企业多元化经营

个人教育背景在一定程度上反映了一个人的知识及技能基础，不同教

育背景的个体之间存在着明显差异。受教育程度越高，其认知及处理问题的能力越强，也更愿意接受新思想，且有能力适应环境变化，同时还具有较强的能力获取所需信息。这意味着高学历的企业管理者具备较强的能力去处理新异复杂的问题和应对不确定性环境。研究表明，高学历赋予了主体应对不确定或复杂情况时的信心和能力。

上市公司高层管理者是公司管理层中担任重要职务、负责公司的经营管理并且掌握公司重要信息的人员。以总经理为例，作为公司日常经营活动的管理者，总经理需要对公司日常事务进行管理。其行为决策会直接影响到公司的正常运转和发展战略的实施。而总经理的正式教育背景包含丰富而又复杂的信息，在一定程度上反映了其知识和技能基础，进而反映了其认知能力，对新生事物及复杂信息的收集和处理能力（陈传明和孙俊华，2008）。通常情况下，高学历的高层管理者更愿意接受新的思想，有足够的能力适应企业发展的变化，具有更强的获取所需信息的能力。可以说，高层管理者的学历越高，越能接受、改变和承受风险，在进行决策时能够更周全地考虑企业周围的环境，具有更强的环境适应能力（雷辉和刘鹏，2013）。另外，由于企业在实施多元化战略时会面临更多的风险与挑战，且社会认知度与高管受教育程度正相关，社会认知度高的管理者有能力在复杂的多元化经营环境中进行准确快速的定位，确定适合企业发展的行为模式。所以，高管受教育程度越高，企业多元化程度越高，也越容易发生战略变革（Wiersema 和 Bantel，1992）。

多元化战略是企业发展的重要内容，主要表现是企业在权衡企业能力、经营风险和经济效益的基础上，使企业能力与市场机会的组合达到最佳。企业采用多元化战略，不仅能够更多地占领市场和开拓新市场，还能通过业务组合分散经营风险。多元化经营战略既有利于充分发挥旅游业综合性、关联性强的优势，同时也是旅游企业为了提高生存能力，寻求成长动力而采取的重要战略性产业转移方式。在企业的技术研发过程中技术人员无疑处于重要的地位发挥重要的作用，但是企业高管，尤其是董事长和总经理是公司决策层的代表，他们的决策影响着公司的成长与发展。

高层管理者是战略决策最主要的发起者和主导者，并通过层级结构影响其组织的经营活动。首先，高管学历越高，其具备相应的计划能力、组织能力、指挥能力、协调能力等就越强，对企业的目标及发展方向就更加明确，在对公司主营业务的开发运作等方面更为积极，会积极地抓住适合公司发展的机会，进而能够促进企业本身的长远发展。其次，高层管理者的学历越高，就具有越强的获取所需信息的能力，也更有能力适应企业发展的变化，有信心去处理新异复杂的问题和应对不确定性环境，因而能够为企业创造更多的多元化发展空间，更能促进企业的多元化发展。再次，学历越高的高层管理者越愿意接受新的思想，会使用先进的管理理念和管理方法去管理公司的日常运营，以形成公司良性的运作模式，且高学历的高管有足够的能力适应新环境，更能接受企业在实施多元化战略时会面临的风险与挑战，有能力在复杂的多元化经营环境中准确定位，确定适合企业发展的行为模式，因此在旅游行业企业中也更容易发生多元化战略变革。可以说，高层管理者的学历越高，越能接受改变和承受风险，在进行决策时能够更周全地考虑企业周围的环境，具有更强的环境适应能力。而具有不同学历背景的高管应对和处理复杂问题的能力存在差异，进而会影响旅游企业多元化战略的决策与实施。因此，提出相应的研究假说：

假说 1：高管学历背景与旅游行业企业多元化策略之间存在显著正相关关系，即拥有高管学历越高的旅游行业企业，其多元化程度越高。

7.1.2 高管行业背景特征与旅游行业企业多元化策略

在企业中，拥有不同行业背景的高层管理者往往有着不同的思维方式和行为方式。高层管理者的行业背景即高管的任职经历，其多样性表现在高管动机、认知、社交资本三方面的个人属性，这些个人属性在一定程度

上会影响高管对企业战略的选择。行为金融学认为，公司管理者是非理性的，公司决策会受到高管个人特征的影响，因此高管的行业背景，即职业经历，对旅游行业上市公司的多元化发展战略至关重要。

国内外学者近年来探讨高管团队职业经历的异质性与企业绩效及企业战略的关系。Hambrick 和 Mason（1984）研究发现，高管团队职业经验异质性对企业的战略变革有着积极的影响。魏立群和刘忠明（2005）研究发现，高管团队职业经验的异质性与企业绩效负相关。张平（2006）发现，当一群具有不同专业背景的管理人员被要求从整个公司的角度出发讨论同一问题时，他们主要的出发点会优先考虑自己部门的行动和目标，职能部门及工作经历相似的管理者的处事观念存在趋同性。贺远琼和杨文（2010）采用多元分析方法，研究发现高管团队职业经验异质性与企业多元化战略负相关。

对高管个人而言，相关行业领域经验的具备有利于其明确公司的发展目标以及公司所处行业内的发展情况。但在互联网时代的冲击下，旅游行业企业需寻找新的经营手段和方式去获得新的经济增长点，多元化经营模式就是旅游企业在当前的一种可持续发展模式。由于旅游行业上市公司大多数为高科技类型的公司，这些公司的高管具有旅游行业相应的职业经历固然重要，但高管团队具有异质性能够让整个团队分享多样化信息，企业在做多元化决策时，需要高管团队成员整合多种信息，全面识别和分析外部环境中的机会和风险。高管个人的职业经历能够在很大程度上影响其价值观和决策，进而影响其对公司外部环境的理解。未具备旅游行业相关职业经验的高管，更能够利用社会网络对企业内知识和技术等异质性资源进行整合、扩展和创新。因此，在旅游行业上市公司中，高管无旅游行业相关职业经历，则高管团队易于提供多样化信息，也更倾向于企业实施多元化策略。

从而，企业高管具有不同的任职经历，将会增加企业高管团队行业背景的多样性，其工作的关注点将存在明显的差异，因此会对高管的战略选择产生影响。没有旅游行业的相关职业经历的高管会有不同的思维方式，在战略选择中也会产生异于旅游行业且更独特的想法，从而使企业实施多元化策略的可能性增加。因此，提出相应的研究假说：

假说2：行业背景与旅游企业多元化策略之间存在显著负相关关系，即相较于高管有旅游行业相关职业经历的旅游行业企业，高管无旅游行业相关职业背景的旅游行业企业的多元化程度更高。

7.1.3　高管行业特征、独立董事与旅游行业企业多元化策略

在公司治理机制中，董事会是其最重要的控制制度，是连接股东和管理层的纽带。董事会有权批准和监督公司内部的重大政策举措，同时也有雇佣、解聘高管人员及制定其薪酬的权力。Fama（1980）将董事会描述成为公司的最高控制系统，并认为拥有良好董事会的公司将比董事会质量较差的公司更能持续创造出较好的业绩。在我国上市公司治理还存在很多问题的情况下，建立独立董事制度是一项重要举措。独立董事制度对于完善中国上市公司治理结构具有重要作用，自我国全面实行独立董事制度以来，上市公司的治理水平逐步提高。已有研究表明：独立董事制度的引入，有效地改善了公司治理水平，使得企业内部人控制现象得到更有效的监管与控制，显著提高了企业价值。Tricker（1994）指出，公司的董事不应该仅仅是“非执行的”，而是应独立于公司和管理层，是独立董事应该在董事会中占主导地位，这样董事会才能在管理层的专业技能与独立董事的独立性和客观性之间取得更好的平衡，而这种平衡是董事会正确决策的必要条件。由于独立董事这一身份体现了委托代理关系的独立性，因此独立董事能够提供客观和独立的意见。Fama 和 Jensen（1983）认为，独立董事的介入会降低执行董事和管理层合谋的可能性。独立董事制度有效发挥了独立董事在企业实施发展策略过程中作为专职调停人和监督人的作用，

从而能有效地降低管理者对剩余索取人权益的侵害，刺激和监督企业管理者之间的竞争。谭劲松等（2003）发现，企业绩效随着独立董事人数的增加而提高，独立董事比例太高或太低都会影响独立董事有效行使权力。高雷等（2007）也发现独立董事的比例同企业价值正相关。

中国证监会在《关于在上市公司建立独立董事制度的指导意见》中认为，上市公司独立董事是指不在上市公司担任除董事外的其他职务，并与其所受聘的上市公司及其主要股东不存在可能妨碍其进行独立客观判断关系的董事。即独立董事既不是公司的雇员及其亲朋好友，也不是公司的供应商、经销商、资金提供者或其他服务机构职员。由于独立董事大多具有丰富的专业知识或实践经验，因此能为上市公司的发展战略提出有效建议，及时发现企业存在的风险并且管理企业运行中出现的漏洞。董事会能否有效监督管理层，主要取决于它的独立性强弱。独立董事在董事会所占比例代表着独立董事的话语权，一般情况下，独立董事所占比例越大，在董事会中的话语权就越大，从而拥有更大权力，能够影响上市公司管理层的决策，对上市公司的盈余管理和财务报告舞弊的行为起到一定的抑制作用。独立董事是现代公司治理机制设计中的一个重要组成部分，目的在于减少公司的代理成本，同时提高董事会的决策能力。大部分上市公司认为独立董事制度在改善上市公司治理方面具有重要的促进作用，尤其是有效地改善了上市公司的董事会的结构。

董事会是承接全体股东和公司管理层的桥梁，只有保证董事会的独立性才能保证公司决策的公正性，独立董事的引入正是加强董事会独立性的表现。独立董事可以提高上市公司董事会的独立性，而董事会独立性直接影响董事会功能和效率的提高，一个高能的董事会又可以加强对公司内部高层管理人员的监管与控制。独立董事对公司管理层的绩效评价、董事的任免及董事和高管的薪酬决定公正与否直接关系到企业未来的发展。独立董事还具有强化公司董事会的战略管理职能，有助于挑战公司内部的一致思维，为公司带来新的知识、技能和经验；独立董事还可以约束董事长及总经理滥用权力，制约“内部人控制”行为。由此可见，独立董事对企业高管制定多元化策略是存在一定中介影响的。在旅游行业上市公司中，董事会的独立性越高，对高管的监督及控制力越强，且对高管的绩效评价及薪酬的约束也更加公正。在互联网时代对传统旅游业产生极大冲击的当下，多元化的经营模式已经成为旅游企业在当前一种可持续的发展模式。旅游行业上市公司的高管在这种情况下会更倾向于多元化策略的实施，为企业带来更多效益的同时，高管自身也会创造出更高的绩效，为自己争取更高的薪酬。因此，提出相应的研究假说：

假说 3：独立董事制度在高管行业特征与旅游行业上市公司多元化经营中产生了中介影响。

7.2 研究设计

7.2.1 指标选择与实证模型

1. 被解释变量

测度企业多元化策略（*DIV*）的指标有很多，有的是以企业选择了几个行业或几个产品经营衡量，有的则是以综合指标衡量，与前文相同，本章参考张敏和黄继承、王福胜和宋海旭研究（张敏和黄继承，2009；王福胜和宋海旭，2012），选择以赫芬达尔指数（*HHI*）和熵指数（*EI*）衡量旅游企业多元化程度，具体计算公式为式（7－1）与式（7－2），具体解释见第 4 章。

$$HHI = \sum P_i^2 \tag{7-1}$$

$$EI = \sum P_i \ln(1/P_i) \tag{7-2}$$

2. 解释变量

（1）教育背景（*EDU*）：根据旅游行业上市公司现任总经理的学历情况进行衡量，具体将学历情况分为4个层次，即博士、硕士、本科、大专及以下，并依次赋值4～1。编码如下（见表7－1）：

表7－1　高管教育水平赋值

教育水平	*EDU* 赋值
大专及以下	1
本科	2
硕士	3
博士	4

（2）行业背景（*EXP*）：采用虚拟变量赋值法，依据现任总经理是否从事过旅游行业所涉及的工作来进行衡量，进而分析其对旅游企业多元化策略的影响。若现任总经理有过旅游行业相关的职业经历，则认为该企业高管的行业经历，即 $EXP=1$，否则，$EXP=0$。

（3）独立董事（*DL*）：以独立董事在董事会中所占比例的大小衡量独立董事机制的存在性。继而，为了更好地分析独立董事制度所产生的中介作用，以交互项的形式加入变量，即分别为 $E_1 \times DL = EDU \times DL$ 与 $E_2 \times DL = EXP \times DL$。

3. 控制变量

与第5章和第6章一致，分别加入相应的控制变量，具体包括：

每股收益（*Eps*）：以企业年末每股收益衡量；

资产负债率（*Debt*）：以企业年末负债总额与资产总额比值衡量；

资产总额（*Size*）：以企业年末资产总额的自然对数衡量；

股权集中度（*H*10）：以企业年末前十大股东持股比例平方和衡量；

控股属性（Hs）：以企业实际控股人属性的虚拟变量衡量，即若样本企业属于国有属性，则 $Hs=1$，否则，$Hs=0$。

4. 实证模型

根据本章的研究假说及选择的相应指标，构建相应的实证模型，具体为：

$$DIV = \begin{pmatrix} \alpha_1 EDU + \alpha_2 DL + \alpha_3 E_1 \times DL + \alpha_4 Eps + \alpha_5 Debt + \alpha_6 Size + \\ \alpha_7 H10 + \alpha_8 Hs + C + \varepsilon \end{pmatrix} \tag{7-3}$$

$$DIV = \begin{pmatrix} \alpha_1 EXP + \alpha_2 DL + \alpha_3 E_2 \times DL + \alpha_4 Eps + \alpha_5 Debt + \alpha_6 Size + \\ \alpha_7 H10 + \alpha_8 Hs + C + \varepsilon \end{pmatrix} \tag{7-4}$$

本章将根据研究需要对式（7-3）与式（7-4）中包含的变量进行检验，其中 α 为待检验系数，C 为常数项，ε 为误差项。本章使用计量分析软件 Eviews 8.0 进行检验。

7.2.2 数据说明

与前文样本获得途径一致，并剔除缺失教育背景与行业背景的样本，最终本章分别得到2007—2014年的71个和141个样本进行实证检验。

7.3 实证分析结果

7.3.1 描述性统计

表 7－2 教育背景样本描述性统计

	均值	中位数	最大值	最小值	标准差
HHI	0. 640	0. 619	1. 000	0. 152	0. 252
EI	0. 534	0. 628	1. 873	0. 000	0. 415
EDU	2. 324	2. 000	3. 000	1. 000	0. 732
DL	0. 389	0. 333	0. 667	0. 231	0. 087
Eps	0. 209	0. 160	0. 837	－0. 290	0. 228
Debt	0. 374	0. 363	0. 803	0. 025	0. 171
Size	20. 893	20. 794	22. 946	18. 551	0. 818
*H*10	0. 170	0. 159	0. 455	0. 029	0. 099
Hs	0. 732	1. 000	1. 000	0. 000	0. 446

表 7－3 行业背景样本描述性统计

	均值	中位数	最大值	最小值	标准差
HHI	0. 622	0. 576	1. 000	0. 152	0. 235
EI	0. 576	0. 629	1. 873	0. 000	0. 395
EXP	0. 610	1. 000	1. 000	0. 000	0. 490
DL	0. 381	0. 333	0. 667	0. 200	0. 085
Eps	0. 240	0. 140	1. 510	－0. 380	0. 316
Debt	0. 380	0. 369	0. 803	0. 024	0. 151
Size	20. 948	20. 825	23. 411	18. 551	0. 808
*H*10	0. 165	0. 159	0. 455	0. 027	0. 109
Hs	0. 695	1. 000	1. 000	0. 000	0. 462

表 7－2 和表 7－3 分别列出本章两个样本中主要的描述性统计结果。

可以看出，变量 *HHI* 均值达到 0.600 以上，变量 *EI* 均值大于 0.500，表明旅游行业上市公司的多元化程度并不高，低于上市公司的多元化均值水平；变量 *EDU* 均值为 2.324，说明样本中高管文化水平多数在本科及以上；*EXP* 均值为 0.610，说明样本中有一半以上的高管有过与旅游行业相关的职业经历；变量 *DL* 均值达到 0.380，说明独立董事比例达到了三成以上。在控制变量中，变量 *Eps* 均值高于 0.200，表明平均来看旅游行业上市公司每股收益大于 0.2 元；变量 *Debt* 均值为 0.377，表明平均来看旅游行业上市公司负债总额不到资产总额四成，旅游行业上市公司负债率并不高；变量 *Size* 均值约为 20.900，表明旅游行业上市公司的资产总额约为 16.433 亿元；变量 *H*10 均值为 0.168，表明旅游行业上市公司股权集中度并不高；变量 *Hs* 均值约为 0.700，表明在旅游行业上市公司中，有七成左右具有国有属性。

7.3.2 相关性检验

表 7-4　　　　教育背景相关性分析结果

	HHI	*EI*	*EDU*	*DL*	*Eps*	*Debt*	*Size*	*H*10	*Hs*
HHI	1								
EI	-0.935***	1							
EDU	-0.091	0.004	1						
DL	0.073	-0.085	0.120	1					
Eps	0.143***	-0.209***	-0.151	-0.009**	1				
Debt	0.055	-0.009	0.298	-0.051*	-0.152***	1			
Size	-0.210***	0.273***	0.196	0.107***	0.198***	0.435***	1		
*H*10	-0.282***	0.355***	-0.086	0.237***	0.048***	-0.315***	0.265***	1	
Hs	-0.205***	0.193***	0.051	-0.109***	0.291***	0.241	0.425***	-0.001***	1

注：***、**和*分别表示在 1%、5% 和 10% 置信水平下通过显著性检验。

表 7－5　　　　　　行业背景相关性分析结果

	HHI	*EI*	*EXP*	*DL*	*Eps*	*Debt*	*Size*	*H*10	*Hs*
HHI	1								
EI	－0.911***	1							
EXP	－0.030	0.065	1						
DL	0.011	－0.023	－0.015	1					
Eps	－0.174***	0.122***	0.068	0.218**	1				
Debt	0.153	－0.100	－0.072	－0.059*	－0.284***	1			
Size	－0.249***	0.279***	0.162	0.319***	0.466***	0.085***	1		
*H*10	－0.300***	0.367***	0.071	0.283***	0.490***	－0.295***	0.463***	1	
Hs	－0.219***	0.180***	0.070	－0.014***	0.402***	－0.030	0.388***	0.281***	1

注：***、**和*分别表示在 1%、5% 和 10% 置信水平下通过显著性检验。

表 7－4 和表 7－5 分别列出本章实证变量的相关性检验结果。从检验结果来看，变量 *HHI* 与变量 *EI* 间的相关系数值较高，表明这两个变量对旅游行业上市公司多元化程度的衡量结果是一致的。而其他变量间的相关系数值并不高，表明实证变量间不存在多重共线性问题，从而后文实证结果是可信的。

7.3.3　回归检验分析

表 7－6　　　　　　教育背景回归检验结果

	HHI	*EI*	*HHI*	*EI*	*HHI*	*EI*
	(1)	(2)	(3)	(4)	(5)	(6)
EDU	0.044 (0.041)	－0.028 (0.064)	—	—	－0.131 (0.236)	0.172 (0.367)
DL	—	—	0.383 (0.338)	－0.820* (0.517)	－0.897 (1.735)	0.559 (2.704)
$E_1 \times DL$	—	—	—	—	0.472 (0.649)	－0.520 (1.012)
Eps	0.344	－0.661	0.322	－0.646	0.376	－0.692
Debt	0.237	－0.309	0.272	－0.331	0.185	－0.258
Size	－0.066*	0.124*	－0.064	0.129*	－0.069*	0.132*

续 表

	HHI	EI	HHI	EI	HHI	EI
	(1)	(2)	(3)	(4)	(5)	(6)
H10	-0.454*	1.100**	-0.545*	1.261***	-0.484	1.213**
Hs	-0.142**	0.213*	-0.132**	0.188*	-0.133*	0.190*
C	1.931**	-2.077*	1.844**	-1.956*	2.337**	-2.468*
Adj R^2	0.138	0.214	0.139	0.241	0.131	0.221
F statistic	2.864***	4.170***	2.890***	4.706***	2.324**	3.476***
N	71	71	71	71	71	71

注：***、**和*分别表示在1%、5%和10%置信水平下通过显著性检验，括号内为标准误差值。

表7-7　　　　行业背景回归检验结果

	HHI	EI	HHI	EI	HHI	EI
	(7)	(8)	(9)	(10)	(11)	(12)
EXP	0.011 (0.039)	0.011 (0.065)	—	—	0.295* (0.178)	-0.257 (0.294)
DL	—	—	0.265 (0.241)	-0.762** (0.393)	0.612** (0.320)	-1.074** (0.527)
$E_2 \times DL$	—	—	—	—	-0.744* (0.462)	0.684 (0.759)
Eps	0.064	-0.219	0.057	-0.203	0.376	-0.692
Debt	0.207*	-0.172	0.205*	-0.185	0.183	-0.159
Size	-0.047*	0.088*	-0.054*	1.113**	-0.050*	0.107**
H10	-0.412**	1.177***	-0.447**	1.271***	-0.435**	1.262**
Hs	-0.068*	0.074	-0.058*	0.045	-0.067*	0.053***
C	1.630***	-1.408*	1.676***	-1.616*	1.455**	-1.384
Adj R^2	0.093	0.134	0.101	0.158	0.106	0.150
F statistic	3.400***	4.619***	3.617***	5.368***	3.068***	4.092***
N	141	141	141	141	141	141

注：***、**和*分别表示在1%、5%和10%置信水平下通过显著性检验，括号内为标准误差值。

表7-6和表7-7列出本章多元回归检验的结果。可以看出，回归结果F统计量均可以通过常规置信水平的显著性检验，这表明被解释变量的实际分布与由解释变量拟合的预测值之间并不存在明显差异，因此回归结果可信。由回归结果调整R^2值可以得出，旅游行业上市公司的多元化程度

分别在 17.6% 和 12.8% 的程度上可以被高管的教育背景和行业背景特征以及独立董事比例所解释。

具体到以上 12 个检验结果，由回归结果（5）（6）可知解释变量 *EDU* 与被解释变量 *HHI* 间存在负相关关系，与被解释变量 *EI* 间存在正相关关系，且均可以通过常规置信水平的显著性检验，这说明相较于高管文化程度较低的旅游行业上市公司，高管文化程度较高的旅游行业上市公司的多元化程度更高，说明高管文化程度越高的旅游行业上市公司可以有更强的能力去分散企业风险，从而倾向于较高程度的多元化策略，这一结果验证了研究假设 1；而回归结果（11）（12）中，解释变量 *EXP* 与被解释变量 *HHI* 间存在正相关关系，与被解释变量 *EI* 间存在负相关关系，且均可以通过常规置信水平的显著性检验，这说明在旅游行业上市公司中，相较于高管有旅游行业相关职业经历的旅游行业企业，高管无旅游行业相关职业背景的旅游行业企业的多元化程度更高，这一结果验证了研究假设 2。以上所阐述的 4 个回归结果中，加入影响因素 *DL*，解释变量高管学历背景 *EDU* 和高管的行业背景 *EXP* 对解释变量 *HHI* 及 *EI* 的回归系数绝对值均有所增加，且同样可以通过常规置信水平的显著性检验，这说明在旅游行业上市公司中，独立董事比例越高，高管更倾向于实施多元化策略，企业的多元化程度也越高，验证了研究假设 3。

在控制变量检验结果中，变量 *Debt* 与被解释变量 *EI* 间存在负相关关系，表明负债率越高的旅游行业上市公司，其多元化程度更低；变量 *Size* 与被解释变量 *EI* 间存在显著的正相关关系，表明资产规模越大的旅游行业上市公司，其多元化程度更高；变量 *H*10 与被解释变量 *EI* 间存在显著的正相关关系，表明股权越集中的旅游行业上市公司，其多元化程度越高；变量 *Hs* 与被解释变量间存在显著的正相关关系，表明与非国有企业相比，国有旅游行业上市公司的多元化程度更高；而变量 *Eps* 未能与被解释变量间呈现显著的关系，表明每股收益并没有对旅游行业上市公司多元化程度产生明显影响。

7.3.4 稳健性检验

与前文相似，为检验回归结论的稳健性，本章进行相应稳健性检验。首先，将高管教育背景中有过旅游行业教育经历等同于有行业经历进行衡量，再进行相应的回归检验；其次，部分文献衡量多元化的赫芬达尔指数为 $HHI = 1 - \sum P_i^2$ ，因此继续利用该指数衡量旅游行业上市公司多元化程度后进行回归检验；再次，考虑到回归结果中的变量 *Eps*、*H*10 及 *Hs* 并未能通过常规置信水平的显著性检验，说明这三个变量对旅游行业上市公司多元化的影响并不确定，因此去除这三个变量后进行回归检验，另外，控制样本年度影响后进行回归检验；最后，对样本根据国有企业上市公司样本与非国有企业上市公司样本进行分类后，进行相应的检验。而稳健性检验的回归结果并未与前文的回归检验结果出现明显差异，从而可以认为本文的研究结论是稳健的。

7.4 本章小结

多元化的问题在中国旅游行业上市公司中普遍存在，但高管行为对中国旅游行业上市公司多元化经营产生的影响，却并没有被更多文献关注。本章利用 2007—2014 年的 71 个和 141 个样本，从高管专业特征的视角，分别检验了高管教育背景与行业背景对多元化经营的影响，并检验了独立董事制度在其中的中介作用。

本章研究得出结论如下：首先，教育背景，即文化程度与旅游行业上市公司多元化程度间存在显著的正相关关系，即相较于高管学历的旅游行业上市公司，高管文化程度高的旅游行业上市公司的多元化程度更高。高

层管理者的学历越高，其认知及处理问题的能力越强，越愿意接受新思想，也越能接受改变和承受风险。所以，高管受教育程度越高，越容易发生企业的战略变革，企业多元化程度也越高。其次，行业背景与旅游行业上市公司多元化程度间存在显著的负相关关系，即高管无旅游行业相关职业经历，则多元化程度会更高。在旅游行业上市公司中，高管无旅游行业相关职业经历，则高管团队易于提供多样化信息，能够全面识别和分析外部环境中的机会和风险，因此更倾向于实施多元化策略。最后，在独立董事对旅游行业上市公司多元化程度的中介影响中，独立董事比例越高，高管更倾向于实施多元化策略，因此公司的多元化程度越高。在董事会独立性更高的旅游行业上市公司中，高层管理人员为创造出更高的自身绩效从而争取更高的薪酬，会更倾向于实施支持企业可持续发展的多元化策略，因而公司的多元化程度也会提高。

8 高管兼任特征与多元化经营

多元化战略是指企业同时经营两种或两种以上基本经济用途不同的产品或服务的发展战略，最早出现在 20 世纪 60 年代，曾作为一种扩张性的成长战略风靡全球，但 80 年代后，一些多元化企业逐渐暴露出问题，从而引起学术界广泛的研究和争议。虽然事实证明，多元化经营并不适合所有企业，但多元化战略作为企业发展的重要战略手段，可以分散公司风险，提高企业借债能力，增加税盾，然而多元化的经验也可能导致公司资源配置无效率，产生过度投资等行为。对于多元化的经营，Penrose（1959）直接指出，多元化是公司在不放弃原有产品线的情况下从事新产品的生产，其中包括中间产品的生产，这些新产品与原有产品在生产和营销等方面有较大的差异性。而 Gort（1962）基于产品市场的异质性提出，多元化是指单个企业所经营活动的产品市场是异质性的，这种异质性通过产品的交叉需求弹性来衡量，若两种产品的可替代性较低，且短期内两种产品的资源难以互相转移，则这两种产品是异质的。Rumelt（1974）也同样认为，多元化经营的实质是延伸到新的领域，要求发展新的能力或增强现有能力。

同时，由于中国的经营市场与资本市场依然属于新兴市场经济体，整个国家也处于经济转型阶段。尽管自改革开放以来大多数国有企业进行了公司制改革，但仍有相当一部分公司直接或间接受国家控制，因此企业与政府之间的关系也同样会对多元化战略选择产生相应的影响。

具体到旅游行业，虽然近年来旅游行业具有较快的发展势头，但互联网技术以及移动互联网技术的发展，对旅游行业的发展产生了极大的冲

击，这也给予了旅游行业进行多元化发展的动力。已有证据经验显示，我国旅游业上市公司普遍展开多元化经营，其原因主要是旅游业收入受季节性影响，多元化经营有助于实现“旱涝保收”；其次，传统单一经营的旅游企业在互联网大背景下市场份额容易被多元化经营的旅游企业蚕食；最后，我国大多数旅游业上市公司主要是由多家独立企业改制后联合上市，其经营范围本身就相对较广（张运来和王储，2014）。

在前文研究的基础上，本章继续从“人”的视角对多元化问题进行研究，讨论高管因素在多元化经营过程中产生的作用。从委托代理理论的视角来看，高管在多元化经营中具有决定性的主导作用，这种决策的主观性与股东之间的利益会存在一定的冲突，而已有文献的研究也忽视了高管的主观决策意愿对企业多元化经营的影响。委托代理理论指出，通常管理者都是追求自我利益的最大化，若公司管理者与企业所有者目标不一致，势必会给企业带来“代理”成本。因此，总经理与董事长两职合一或两职分离是否会造成决策差异，从而影响到企业的多元化经营程度？这就是本章重点研究的问题。

因此，本章选择以旅游业上市公司为研究对象，基于委托代理理论来研究高管兼任特征与多元化经营的关系，同时考虑到股权属性的中介影响。其理论意义在于，进一步拓展了旅游业多元化经营相关文献中关于代理理论的研究，同时有益补充了从“行为人”视角出发对公司多元化战略选择的动机的研究。而实践意义在于，有利于指导旅游行业在面临多元化选择时做出正确的判断。

8.1 制度背景与理论分析

8.1.1 高管兼任与旅游行业企业多元化经营

1841 年，因两列客车相撞，美国人意识到铁路企业业主没有能力管理好自己的企业，应该选择有管理才能的人来担任管理者，于是，世界上第一个经理人就诞生了。也正是从这时开始，公司的经营权和所有权相分离，并成为现代企业的一个最显著的特点。然而，这种表面上看起来“人尽其用”、更加专业的治理公司的方式却隐藏着潜在的冲突。虽然所有权与经营权的分离使公司制相对于合伙制或独资企业而言集聚了更多的资本和更强的规模效应，但在实现上述利益的同时，代理问题也随之产生。代理问题是指代理人和委托人利益并不完全一致，在委托人处于信息劣势、不能对代理人进行完全监督的情况下，代理人有动机为了自身利益，做出有损委托人利益的行为，从而造成委托人利益受损。因此，在两职分离的情况下，经营者有可能会为了私利而损害所有者权益，两职合一则不会有这种情况。而代理成本理论则主张经营权和所有权相分离，认为两职合一可能会造成高管权力过大从而增加代理成本，而两职分离可以有效监督经营者行为，防止逆向选择和道德风险。可见，高管兼任是一把“双刃剑”。

同样，高管兼任特征对多元化策略的影响也是双重的。一方面，多元化战略的实施不仅是因为有充足的公司资源和内外部诱因的存在，还取决于管理者有选择多元化战略的个人动机（Hoskisson 和 Hitt，1990）。例如，多元化经营会使管理者获得私利，因为管理一个更大的公司会获得更多的权利和声誉（Jensen，1986；Stulz，1990）；多元化经营可以使管理者更加独立于公司（Shleifer 和 Vishny，1989）；而且，多元化经营可以降低管理者的风险（Amihudand 和 Lev，1981）。不难看出，管理者更倾向于选择多元化战略，而根据代理成本理论，两者分离可以有效约束管理者的自利行为。因此，两职合一的公司比两职分离的公司有更高程度的多元化水平（Eisenmann，2002）。另一方面，也有一些学者发现，在两职分离的企业中，多元化程度反而更高（孙戈兵等，2011）。其原因是两者分离的监督行为，反而会使企业做出更理性的抉择。即与两职合一相比，在两职分离的企业中，当总经理或董事长有一人具有更好的多元化倾向时，会理性劝

服令一高管同意多元化的选择。

在中国的上市公司中，大多数公司还是会选择总经理与董事长两职分离的设置，在旅游行业上市公司中也是如此。然而，中国旅游业上市公司高管兼任特征会对多元化程度产生怎样的影响，则需要实证检验。因此，综上所述，提出两个相对的研究假说：

假说 1：两职合一与旅游行业企业多元化策略间存在显著的正相关关系，即相较于两职分离的旅游行业企业，两职合一的旅游企业的多元化程度更高。

假说 2：两职分离与旅游行业企业多元化策略间存在显著的正相关关系，即相较于两职合一的旅游行业企业，两职分离的旅游企业的多元化程度更高。

8.1.2 股权属性与旅游行业企业多元化策略

上述委托代理理论视角下的高管兼任对多元化战略决策的选择影响主要是针对美国等西方发达市场经济国家的，而对于以公有制经济为主体的我国来讲，企业与政府的关系也是多元化战略选择的动机之一。自改革开放以来，大多数国有企业进行了公司制改革，企业改制和产权转让逐步规范。而与欧美各国上市公司以私有产权为主导的股权结构相比，政府作为终极控制者直接或间接控制的中国上市公司仍高达 72%（齐晓飞、关鑫，2012）。那么企业股权属性（是否为国有）对多元化战略有何影响？饶茜等（2004）发现，国有控股型公司比法人控股型公司更倾向于采用多元化经营战略；陈信元和黄俊（2007）也发现政府直接控股上市的公司更容易实行多元化。产生这种现象的一个主要原因就是“预算软约束”，“预算软约束”的概念由 Kornai（1986）提出，它是指当社会主义国家中的国有企业发生亏损时，国家或政府往往会对其进行补贴或追加投资。当市场竞争达到一定程度时，政策性负担必然带来国有企业的预算软约束（林毅夫、李志赟，2004）。此外，国有企业的融资环境也优于非国有企业，这是因为国有企业的最大债权人通常是国有商业银行，其资产属于国家而非法人，国有企业也不是独立的产权主体，银行和企业之间的债权债务关系实际上体现为同一主体之间的内部借贷关系。“预算软约束”和宽松的借贷环境使得国企经营者在资金方面没有后顾之忧，从而更敢于采取多元化战略。

另外，由于国有企业的最终所有者是全体人民，但并没有人作为代表对国有资产进行监管和控制，国企资产实际上是层层交由各级政府来管理的，这就造成了这部分股权没有严格意义上的委托人，国企所有者代理链条过长及信息不对称的问题更为严重。而且，政府股东代表人民对被控企业只有剩余控制权而没有最终剩余索取权，因此对代理人的监督激励往往不足（袁玲，2011），从而在国有企业中容易形成内部人控制的现象。尹伯成和薛锋（2001）指出，现代企业理论表明，内部人控制现象的产生与股权结构有关，当股权相对集中时，不易产生内部人控制现象。我国上市的国有企业的股权高度集中，但内部人控制现象普遍惊人，其根源就在于所有者的缺位。通过上述分析不难发现，股权属性会对高管兼任产生一定影响。其具体表现是：当一个企业是国有控股的两职分离企业时，由于委托人（即所有者）的缺失，两职分离的监管和激励效用将会被弱化，从而增加了相应的代理成本，而根据代理理论，经营者也会更倾向于选择多元化战略。

然而，对于我国的旅游行业来说，已有实证研究发现，国有控股旅游业上市公司的代理成本要小于非国有控股旅游业上市公司（康丽，2013），其原因可能是因为旅游行业的特殊性，作为一个垄断竞争行业，其股权结构的不合理性很难通过市场机制来自动调节，而政府控股可以避免这些消极影响。此外，政府股东也可以通过直接任免自己的人做总经理等手段减少成本。总之，我国旅游行业企业股权属性对多元化战略的影响尚不能明

确，因此，提出相应的研究假说：

假说3：股权属性与旅游企业多元化策略间存在显著的正相关关系，即相较于非国有控股的旅游企业，国有控股的旅游企业的多元化程度更高。

假说4：股权属性与旅游企业多元化策略间存在显著的负相关关系，即相较于非国有控股的旅游企业，国有控股的旅游企业的多元化程度更低。

假说5：高管兼任与旅游企业多元化策略间的相关关系受益于股权属性，即考虑股权属性的影响后，高管兼任对多元化策略的影响被增强了。

假说6：高管兼任与旅游企业多元化策略间的相关关系受制于股权属性，即考虑股权属性的影响后，高管兼任对多元化策略的影响被减弱了。

8.2 研究设计

8.2.1 指标选择与实证模型

1. 被解释变量

测度企业多元化策略（*DIV*）的指标有很多，有的是以企业选择了几个行业或几个产品经营衡量，有的则是以综合指标衡量，与前三章内容相同，本章参考张敏和黄继承、王福胜和宋海旭研究（张敏和黄继承，2009；王福胜和宋海旭，2012），选择以赫芬达尔指数（*HHI*）和熵指数（*EI*）衡量旅游企业多元化程度，具体计算公式为式(8－1）与式（8－2），具体解释见第4章。

$$HHI = \sum P_i^2 \qquad (8-1)$$

$$EI = \sum P_i \ln(1/P_i) \qquad (8-2)$$

2. 解释变量

（1）高管兼任（*CEO*）：依据现任总经理和董事长是否为同一人来判断企业是否存在两职合一，若企业是两职合一的情况，$CEO=1$，否则，$CEO=0$；

（2）股权属性（*Hs*）：即控股属性，以企业实际控股人属性的虚拟变量衡量，即若样本企业属于国有属性，则 $Hs=1$，否则，$Hs=0$。

3. 控制变量

与前文相似，加入相应的控制变量，具体包括：

每股收益（*Eps*）：以企业年末每股收益衡量；

资产负债率（*Debt*）：以企业年末负债总额与资产总额的比值衡量；

资产总额（*Size*）：以企业年末资产总额的自然对数衡量；

股权集中度（*H*10）：以企业年末前十大股东持股比例平方和衡量。

4. 实证模型

根据前文提出的研究假说及选择的相应指标，构建相应的实证模型，具体为：

$$DIV = \begin{pmatrix} \alpha_1 CEO + \alpha_2 Hs + \alpha_3 (CEO \times Hs) + \alpha_4 Eps + \alpha_5 Debt + \\ \alpha_6 Size + \alpha_7 H10 + C + \varepsilon \end{pmatrix} \qquad (8-3)$$

本章将根据研究需要对式（8－3）分开检验，其中 α 为待检验系数，C 为常数项，ε 为误差项。本节使用计量分析软件 Eviews 8.0 进行检验。

8.2.2 数据说明

与第 5 章样本相同，本章利用 2007—2014 年的 205 个中国旅游行业上市公司为样本，实证检验高管兼任特征对旅游行业上市公司多元化经营的影响，并考虑股权特征在其中的中介作用。

8.3 实证分析结果

8.3.1 描述性统计

表 8-1 兼任特征样本描述性统计

	均值	中位数	最大值	最小值	标准差
HHI	0.599	0.539	1.000	0.152	0.234
EI	0.638	0.651	1.873	0.000	0.430
CEO	0.093	0.000	1.000	0.000	0.291
Hs	0.702	1.000	1.000	0.000	0.458
Eps	0.260	0.170	1.510	-0.850	0.318
Debt	0.394	0.382	1.055	0.025	0.159
Size	21.220	20.951	25.276	18.551	1.069
*H*10	0.153	0.134	0.455	0.027	0.108

表 8-1 列出了本章主要变量的描述性统计结果。可以看出，变量 *HHI* 均值为 0.599，变量 *EI* 均值为 0.638，如前文所述，表明旅游行业上市公司的多元化程度并不高，低于上市公司的多元化均值水平。变量 *CEO* 均值为 0.093，表明样本中只有不到一成的旅游行业上市公司总经理与董事长由同一人担任，绝大多数公司选择两职分离；变量 *Hs* 均值为 0.702，表明在旅游行业上市公司中，有七成左右具有国有属性。在控制变量中，变量 *Eps* 均值为 0.260，表明平均来看旅游行业上市公司的每股收益约为 0.26 元；变量 *Debt* 均值为 0.394，表明评价来看旅游行业上市公司的负债总额不到资产总额的四成，旅游行业上市公司的负债率并不高；变量 *Size* 均值为 21.220，表明旅游行业上市公司的资产总额约为 16.433 亿元；变量 *H*10 均值为 0.153，表明旅游行业上市公司的股权集中度并不高。

8.3.2 相关性检验

表 8-2　兼任特征样本相关性检验结果

	HHI	*EI*	*CEO*	*Hs*	*Eps*	*Debt*	*Size*	*H10*
HHI	1							
EI	-0.921***	1						
CEO	0.257***	-0.245***	1					
Hs	-0.246***	0.256***	-0.417***	1				
Eps	-0.267***	0.267***	-0.277***	0.472***	1			
Debt	0.096	-0.063	-0.008	-0.040	-0.217***	1		
Size	-0.290***	0.342***	-0.231***	0.378***	0.527***	0.238***	1	
H10	-0.237***	0.262***	-0.102	0.311***	0.471***	-0.243***	0.423***	1

注：***、**和*分别表示在 1%、5% 和 10% 置信水平下通过显著性检验。

表 8-2 列出了本文实证变量的相关性检验结果。从检验结果来看，变量 *HHI* 与变量 *EI* 之间的相关系数值较高，表明这两个变量对旅游行业上市公司多元化程度的衡量结果是一致的。而其他变量间的相关系数值并不高，表明实证变量间并不存在多重共线性的问题，从而后文的实证结果是可信的。

8.3.3 回归检验分析

表 8-3　多元回归结果

	HHI	*EI*	*HHI*	*EI*	*HHI*	*EI*
	(1)	(2)	(3)	(4)	(5)	(6)
CEO	0.152*** (0.056)	-0.252** (0.100)	—	—	0.144** (0.063)	-0.245** (0.114)
Hs	—	—	-0.061* (0.039)	0.111* (0.071)	-0.027 (0.042)	0.050 (0.076)
CEO × Hs	—	—	—	—	-0.039 (0.169)	0.162 (0.307)

续 表

	HHI	EI	HHI	EI	HHI	EI
	(1)	(2)	(3)	(4)	(5)	(6)
Eps	-0.023	-0.004	-0.025	-0.005	-0.012	-0.025
Debt	0.188*	-0.300	0.187*	-0.300	0.192*	-0.313
Size	-0.050**	0.117**	-0.051**	0.118**	-0.049**	0.115**
H10	-0.163	0.383	-0.115	0.300	-0.147	0.345
C	1.604***	-1.758**	1.682***	-1.877***	1.593***	-1.736**
Adj R^2	0.132	0.152	0.109	0.136	0.126	0.147
F statistic	7.201***	8.298***	6.015***	7.396***	5.184***	6.025***

注：***、**和*分别表示在1%、5%和10%置信水平下通过显著性检验，括号内为标准误差值。

表8-3列出了本章多元回归检验的结果。可以看出，各回归结果F统计量均可以通过常规置信水平的显著性检验，这表明被解释变量的实际分布与由解释变量拟合的预测值之间并不存在明显的差异，从而回归结果可信。各回归结果调整 R^2 值平均为0.134，说明旅游行业上市公司的多元化程度约在13.4%的程度上可以被高管兼任及股权属性所解释。

具体到各回归结果，解释变量*CEO*与被解释变量*HHI*间存在正相关关系，与被解释变量*EI*间存在负相关关系，且均可以通过常规置信水平的显著性检验，这表明相较于两职合一的旅游行业上市公司，两职分离的旅游行业上市公司的多元化程度更高，说明在两职分离的旅游行业上市公司中，管理者和所有者可以更好地彼此监督，选择更优的多元化决策。这一结果验证了研究假设2；而解释变量*Hs*与被解释变量*HHI*间存在负相关关系，与被解释变量*EI*间存在正相关关系，且同样可以通过常规置信水平的显著性检验，这说明在旅游行业上市公司中，国有控股企业比非国有控股企业多元化程度更高，可见国有控股企业的内部人控制和政府干预会使经理人更无顾虑地选择多元化战略，这一结果验证了研究假设3；在考虑股权属性的中介后，回归结果（5）与（6）中解释变量*CEO*依然与被解释变量间呈现出显著的负相关关系，但系数值的绝对值小于回归结果（1）与（2），而解释变量 *Hs* 与被解释变量间的正相关关系却不能通过常规置信水平的显著性检验，这说明在考虑股权属性的影响后，高管兼任对多元化的影响被制约了，在旅游行业上市公司中，国有控股企业的两职分离的相互监督的优势会被弱化，这一结果验证了研究假设 6。

而在控制变量的检验结果中，变量 *Debt* 与被解释变量间存在显著的负相关关系，表明负债率越高的旅游行业上市公司，其多元化程度越低；变量 *Size* 与被解释变量间存在显著的正相关关系，表明资产规模越大的旅游行业上市公司，其多元化程度越高；而变量 *Eps* 及变量 *H*10 均未能与被解释变量间呈现出显著的关系，表明每股收益及股权集中度并没有对旅游行业上市公司多元化程度产生明显的影响。

8.3.4 稳健性检验

与前文相似，为检验回归结论的稳健性，本章进行相应稳健性检验。首先，根据变量 *Hs* 将样本分为国有控股公司与非国有控股公司后，进行相应的实证检验；其次，部分文献衡量多元化的赫芬达尔指数为 $HHI = 1 - \sum P_i^2$，因此继续利用该指数衡量旅游行业上市公司多元化程度后进行回归检验；再次，考虑到回归结果中的部分变量并未能通过常规置信水平的显著性检验，这说明这些变量对旅游行业上市公司多元化的影响并不确定，因此去除这两个变量后进行回归检验；最后，控制样本年度影响后进行回归检验。而稳健性检验的回归结果并未与前文的回归检验结果出现明显差异，从而可以认为本章的研究结论是稳健的。

8.4 本章小结

本章选取中国旅游业上市公司 2007—2014 年 205 个上市公司的相关数

据，对高管兼任特征对旅游行业上市公司的多元化经营情况的影响进行实证检验，并考虑股权属性所产生的中介作用。研究发现，相较于两职合一的旅游行业上市公司，两职分离的旅游行业上市公司的多元化程度更高。这个结果与在代理理论基础上分析出的“由于高管私利倾向的存在，在缺乏对高管有效监督的两职合一的情况下，企业更愿选择多元化战略”的结论并不一致，本章认为，造成这种现象的原因可能是：首先，旅游行业是一个特殊行业，收入受季节影响较大，因此具有“天生”多元化倾向，高管和董事都愿意选择多元化经营，两职分离的企业中的职业经理人更有战略远见和能力来实施多元化战略；其次，我国旅游业超九成企业都选择了两职分离的公司治理结构，两职合一与两职分离样本基数的巨大差异可能导致数据分析存在缺陷。另外，本书进一步研究发现，与非国有控股企业相比，国有控股的企业多元化程度会更高，这验证了国有企业中存在举债优势等理论，考虑股权属性的中介作用后发现，高管兼任对多元化的影响被制约了。

当前，中国旅游行业上市公司，尤其是家族性旅游企业，可以聘请职业经理人治理公司。随着经济的发展和人民生活水平的提高，传统的跟团旅游模式早已不能满足游客个性化的需求，OTA（在线旅行社）、私人定制、“旅游+农业”等新型旅游平台和旅游概念正不断蚕食传统旅行社的业务。在互联网时代的大背景下，从订票、选路线到景点讲解、食宿安排都可以在线上完成，传统旅游业无疑面临着巨大压力，一场变革势在必行，多元化就是最好的出路，而多元化战略的实施必然要求能力更高的经理人来进行管理。同时，国家也应进一步深化旅游行业的国有企业改革。尽管本书研究发现国有旅游业公司会有更好的条件实施多元化战略，但近七成旅游企业由政府控股，从长远来看并非有益无害，就整个社会而言，促进市场竞争公平、激发市场活力才是长久发展之道。

9 中国旅游行业多元化发展的对策建议

多元化的经营模式已经成为现代企业，特别是现代大型企业进行业务扩展的一种重要方式，企业通过涉足不同的行业或者领域，寻找新的经济增长点，或者打造更高的知名度。尤其是在中国旅游行业中，随着旅游行业竞争加剧以及移动互联网技术的迅猛发展，更多人倾向于自由行，使得很多旅游行业的企业必须要以多元化的经营，涉足不同的行业，从而获得更多、更好的新的经济增长点。从本书的经验证据来看，旅游行业上市公司的多元化经营，并未能够带来企业经营绩效的增强，但却可以使财务风险降低。我们还发现在中国旅游行业上市公司中，高管行为是影响多元化经营的一个重要因素，高管也是促进中国旅游行业上市公司多元化的一个重要动力。那么，如何更好地规范中国旅游行业上市公司的多元化，就应该在多元化经营之前做好相应的工作，而且在多元化的过程中能够保证企业的获利与获益，让多元化经营行为更好地提升旅游行业上市公司的总体经营状况，这就是本章研究所需要提出的对策建议。

9.1 明确多元化经营行业与对象

9.1.1 树立正确的多元化经营观念

多元化对于发展到一定阶段的企业来说，尤其是在主营业务无法实现更好的拓展时，是一种很好的经营模式的选择。企业可以通过进行多元化

的经营模式，进入不同的行业，获得在不同行业的知名度，而且也可以降低经营风险以及获得经营利润，这相当于一种“低成本、高收益”的广告模式。当前，很多旅游行业企业都选择多元化的经营方式，只不过有的旅游行业企业倾向于选择与主营业务相关的行业，有的企业则选择涉足与旅游行业完全无关的行业，如进入房地产行业进行多元化经营。而不管是涉及哪一个行业，都是一种广告效应，会让更多消费者了解企业，而且这种广告效应是任何一个媒体广告都无法获得的。然而，在多元化经营模式逐渐成为更多企业扩展业务的选择时，必须指出的是，到底是不是所有企业都应该进行多元化的经营？前文的经验证据也表明，旅游行业的多元化并没有带来“溢价”，而是存在“折价”的状况。

然而，无论是进行相关多元化还是不相关多元化经营，在经营初期，都需要付出相应的成本，而能够对这些成本起到支撑作用的，就是企业主营业务已经积攒和能够持续获得的利润。做好主营业务，让主营业务能够稳定、持续地获益，才是企业能够更好地进行多元化经营的根本所在。而如果一味过度进行多元化经营，忽视主营业务的稳定性，对于中国旅游行业企业而言，则是非常不明智的。

9.1.2 选择合理的多元化经营对象

如前文所述，当企业决定进行多元化经营时，同样并不能盲目地进行多元化经营，需要对要进行多元化的行业进行综合的评估，从而决定到底进行哪一个行业或是领域的多元化发展。企业需要决定进行哪一个行业的多元化，是相关多元化还是不相关多元化，但是这种决定并非仅仅是想出来抑或根据管理层或对企业决定权有影响力的人的一己之见，而是应该进行综合的评估，以得到一个合理的决策。

高管特征会对多元化经营产生直接的影响，而在中国的企业中，“一言堂”的现象是比较严重的，往往很多时候，企业关键人物的一句话或是自己的偏好会成为影响企业投资决策的重要因素，而并不是通过合理的评估与综合的测评得到最终的结果。

同样，“跟风”也是中国企业的一种通病。当前，很多中国企业在多元化的过程中都倾向于进入房地产行业，这是一种明显的跟风行为，希望通过某一个行业在一段时间内的行情获得短期的超额利润。但是，对于一个具有可持续发展理念的企业而言，经营行业的快速变更，一方面极大地消耗了企业的成本，尤其是进入一些非相关的行业，可以看到很多中国企业在选择经营某一个行业的几年后，就再也不会涉足这个行业，这对于企业积累的并非是经验，而是负担，因为企业不再经营这一行业之后，要对这一行业经营时的固定成本、人员等进行相应的处理；另一方面，频繁地更换经营行业，也会给真正的资本市场投资者留下不能稳定经营的不好的印象，因为市场投资者会通过企业的定期报告关注到企业经营行业的变动。

9.2 加强多元化经营管理

9.2.1 合理分配企业已有资源

如前文所述，在多元化经营的行业中，主营业务才是多元化企业能够保证持续发展的根本所在，主营业务在自身行业的垄断性或是统治性，为企业进入其他行业提供了宝贵的经济资源。因此，当企业在多元化经营的过程中，如何合理地分配企业的已有资源就变得非常重要。一方面，要保证主营业务能够稳定发展，就要首先保证主营业务的发展资源，这种资源既包括企业的经济资源，也包括企业的人力资源，也就是说不要盲目地从主营业务行业中抽调人手去补充多元化行业，包括企业的其他一些资源，如政治资源等，都应该首先保证主营业务的发展；另一方面，合理地将资

源向多元化行业进行调拨，根据多元化在经营过程中的实际发展状况，再决定在已配置资源的基础上，如何进一步配置资源。

在中国的企业中，虽然有一些企业始终主导“做熟不做生”，但依然有很多企业喜欢“喜新厌旧”，喜欢追求新的行业，这很可能与企业管理层的个人偏好，甚至是过度自信相关。然而，一旦存在“喜新厌旧”，就很可能在多元化经营的过程中，尤其是多元化行业初期的经营过程中，调拨很多的企业资源到多元化行业，以保证多元化行业的盈利。但是，一个成熟的企业，需要衡量不同行业所取得的利润与所付出的成本之间的关系，不应该被眼前的利益蒙蔽，不能“捡了芝麻，丢了西瓜”。所以，盲目地重视多元化的行业，并不是一个理智的行为。

另外，盲目地重视多元化行业，还可能造成企业内部的管理矛盾。若企业管理层根据自身偏好，在经营过程中过于重视多元化行业，而降低对原先的主营业务的重视，很可能会造成企业内部的管理问题，会破坏主营业务行业员工的积极性，进而就很可能造成主营业务行业与多元化行业均未能良好发展的状况。因此，企业在多元化经营的过程中，首先应保证主营业务行业的优先发展，在不破坏企业正常经营状况的前提下，进一步加强多元化行业的发展，才是一个企业多元化经营过程中的合理路径。

9.2.2 切忌多元化经营的盲目扩大

在中国企业中，很多企业的管理层会刻意追求将企业做大，这其中可能是管理者个人为了追求在经理人市场上获得更好的履历，也可能是为了迎合地方政府的需要。于是，很多企业的管理层就希望进行多元化经营，涉足多个行业，这样企业以及其管理层就建立了更多的人脉关系，而且也可以将企业的规模做得很大。因此，很多企业的管理层，包括很多中国旅游行业企业的管理层，都会在多元化的过程中选择经营多个行业，而并非单纯只是在旅游行业之外涉足一个行业。然而，单纯地盲目地拓展多个行业，除了表面上的风光，又会为企业带来什么样的后果呢？往往是经营的多个行业让企业的管理链条变得更长，使得企业的管理者无法在第一时间获得不同行业中的真实信息，甚至是即使获得信息，在一个相对陌生的新行业中，也并不知道应该如何处理得更好。在这种情况下，很多行业就会很快地出现在企业的年度报告中，也会很快地消失在企业的年度报告中。

因此，在多元化经营的过程中，“扩”并不是首选，也不是最优选择。最优选择是“管”。也就是说，当企业涉足不同的行业进行经营时，应该在已经投入的那个多元化行业中，进行良好的管理，让这一个行业能够良好地经营，良好地运行下去，即所谓的“做一行，做好一行”。而盲目地在多元化经营的过程中，一味地去扩展，只追求经营行业的数量与新鲜度，会过多地消耗掉企业的资本，无论是经济资本，还是企业员工资本，抑或是社会资本。所以，企业在多元化经营的过程中，应该立足已经经营的那个多元化的行业，在将这一行业管理好之后，再进行合理的拓展，这同样是企业多元化经营过程中的有效路径。

9.2.3 加强多元化经营的财务管理

在企业多元化经营的过程中，对财务方面的管理是非常重要的。虽然多元化的经营能够降低企业的财务风险，但也如前文所述，企业在多元化经营的过程中，既需要满足原先主营业务行业的需要，还需要满足多元化行业的资金需求，而且由于多元化经营的行业是新进入的行业，从而对资金的要求会更多。一方面，在多元化行业中，企业需要付出更多的成本，包括固定成本与变动成本，尤其是固定成本，是主营业务行业所不需要再付出的；另一方面，由于企业进入新的行业，面临着新行业的竞争，未来收益也是不确定的，因此能否获得足够的外部资金支持，就是一个未知数。所以，在多元化经营的过程中，必须保证对财务的合理规划与管理，既需要避免因财务问题而使得多元化的新行业经营与扩张受阻，也必须避

免因为涉足新行业而拖垮企业的主营业务行业。

所以，企业必须要有足够的现金流，以保证企业在多元化经营过程中的资金需求，而且这种资金储备往往是已有的，而并非通过借贷获得的。在这种情况下，企业就需要在财务部分设立专门的人员或组织，对多元化行业在经营过程中，尤其是多元化行业刚开始经营时的现金流量进行实时监控，并需要对现金流的进出进行相应的判断，以测评在多元化经营的过程中，会不会因为资金的问题，而带来更为严重的其他问题。

10 研究结论与展望

10.1 研究结论

多元化经营使企业不只局限于经营一种产品或一个行业，而是实现跨产品、跨行业经营扩展的一种模式。在这种新的经营方式下，企业可以获得进一步的成长，能够将企业的自身能力与市场机遇融合在一起，形成新的经济增长点。在当前经济发展的过程中，多元化的经营已经成为很多企业获得新的经济增长的一种方式。尤其是对于中国旅游行业企业来说，当前越来越多的年轻人倾向于自由行，加强了旅游行业的竞争，也迫使旅游行业企业面临着新的形势，企业需要利用多元化的经营模式获得新的利润增长点。因此，本书基于行为金融学与传统金融学的视角与理论观点，利用中国资本市场旅游行业上市公司的样本，以上市公司高管特征的视角，在对相关文献进行回顾以及对国际上旅游行业发展较好的国家与地区进行经验借鉴的基础上，研究了高管政治特征、性别特征、专业特征、兼任特征对中国旅游行业上市公司多元化产生的影响，并在此基础上提出了中国旅游行业上市公司多元化发展的对策建议。本文具体的研究结论如下：

（1）通过对美国、德国、法国、瑞士、意大利、日本、泰国、新加坡、中国香港、中国澳门、中国台湾等国家或地区旅游行业以及旅游企业的发展历程、获得的成效进行的分析来看，值得中国旅游行业以及旅游行业企业发展的经验包括：应加强政府的政策引导与投入力度、建立各旅游行业的协会、重视旅游环境的保护、塑造良好的旅游目的地形象等。

（2）本书选择赫芬达尔指数和熵指数来衡量中国旅游行业上市公司的多元化经营程度，并利用2007—2014年中国旅游行业上市公司的样本，分析了中国旅游行业上市公司的多元化经营程度以及中国旅游行业上市公司多元化经营对公司经营绩效与财务风险的影响。研究发现，首先，中国旅游行业上市公司倾向于多元化经营的模式，较多旅游行业上市公司都经营了两个及两个以上的行业，而且更多的是相关多元化的经营模式，但中国旅游行业上市公司的整体多元化程度并不高；其次，中国旅游行业上市公司表现出“多元化折价”的现象，即中国旅游行业上市公司的多元化经营并没有带来业绩的增长，多元化程度越高，中国旅游行业上市公司的业绩水平反而越低；最后，中国旅游行业上市公司的多元化经营能够降低财务风险，即多元化经营程度越高，则相应的财务风险程度会越低。

（3）政治资源是当前大多数上市公司高管追求的目标，他们希望通过获取政治身份从而为企业获得更多资源。本书以2007—2014年205个中国旅游行业上市公司为样本，实证检验了政治管理对中国旅游行业上市公司产生的作用，并考虑到了真实盈余管理产生的中介作用。研究发现，政治关联与旅游行业上市公司多元化程度间存在显著的正相关关系，即相较无政治关联的旅游行业上市公司，有政治关联的旅游行业上市公司的多元化程度更高，而真实盈余管理与旅游行业上市公司多元化程度间存在显著的负相关关系，即真实盈余管理程度越高，多元化程度越低；考虑真实盈余管理的中介作用后发现，政治关联对多元化的影响被制约了，而且进一步研究也发现，在不同政治关联程度的旅游行业上市公司中，真实盈余管理对多元化的影响程度也存在差异。

（4）性别特征是高管最基本的特征之一，不同性别的高管在性格、脾气以及对待问题的态度方面存在着明显的差异。本书利用2007—2014年111个中国旅游行业上市公司样本，实证检验了不同性别高管对多元化经营程度所产生的影响以及不同高管性别组合对多元化经营程度所产生的影响。研究发现，一方面，女性高管比例与旅游行业上市公司多元化程度存在显著的负相关关系，公司的女性高管比例越高，企业多元化程度越低；另一方面，相较于总经理与董事长性别的差异，总经理与董事长性别相同的中国旅游行业上市公司的多元化程度更高。

（5）行业经历或教育经历对高管的未来发展具有重要影响，这种经历对高管最终做出的决策具有直接的影响。本书分别构建了2007—2014年由71个和141个中国旅游行业上市公司组成的样本，实证检验了高管教育背景与行业背景对中国旅游行业上市公司多元化经营所产生的影响，并考虑了独立董事制度所产生的中介作用。研究发现，首先，高管的教育背景，即文化程度，与旅游行业上市公司多元化程度间存在显著的正相关关系，即相较于高管学历的旅游行业上市公司，高管文化程度高的旅游行业上市公司的多元化程度更高；其次，高管的行业背景与旅游行业上市公司多元化程度间存在显著的负相关关系，即高管无旅游行业相关职业经历，则多元化程度会更高；最后，在独立董事对旅游行业上市公司多元化程度的中介影响中，独立董事比例越高，高管更倾向于实施多元化策略，因此公司的多元化程度越高。

（6）部分上市公司的总经理与董事长会由同一人担任，这有可能会降低公司的代理成本，但也可能会增加公司的绝对控制权，对公司产生不良的影响。本书利用2007—2014年205个中国旅游行业上市公司数据，实证检验了高管兼任特征对中国旅游行业上市公司多元化产生的影响，并考虑到了股权属性所产生的中介作用。研究发现，相较两职合一的旅游行业上市公司，两职分离的旅游行业上市公司的多元化程度更高，进一步发现，与非国有控股企业相比，国有控股企业多元化程度会更高，而且考虑股权属性的中介作用后发现，高管兼任对多元化的影响被制约了。

（7）为了促使中国旅游行业上市公司的多元化经营，本书提出，在多

元化经营之前，应明确多样化经营的行业与对象，即应树立正确的多元化经营观念，选择合理的多元化经营对象；而在多元化经营的过程中，应加强对多元化经营的管理，即应合理分配企业的已有资源，切忌多元化经营过程中的盲目扩大，加强多元化经营的财务管理。

10.2　研究展望

（1）本书的研究是以中国旅游行业上市公司为样本进行的，这是因为随着近年来中国经济的发展，旅游行业具有一个良好的发展温床，并迎来了一个良好的机遇，尤其是互联网技术与移动互联网技术的发展，为旅游行业上市公司的多元化经营提供了契机与紧迫感。然而，本书利用旅游行业上市公司得到的结论，是否适用于其他行业或者是中国资本市场整体的状况，还是一个未知数。从本书的研究结论来看，部分结论与利用中国整体资本市场样本进行研究的结论并不完全一致，这就说明不同研究结论存在一定的行业特殊性。因此，对其他行业的相关研究以及进行相应的对比与比较，是值得进一步研究持续关注的问题。

（2）旅游行业虽然是一个相对微观的行业，如其主要的客户都是微观的个体，但由于旅游行业对宏观经济会产生良性的促进作用，而且很多地方政府也非常重视旅游行业的发展，将旅游行业视为地方经济发展的重要动力。因此，除本书基于微观视角对旅游行业多元化问题进行研究以外，还可以基于宏观视角进行相应的研究，尤其是将地方经济发展、地方官员政治晋升等问题纳入研究范畴，这个既是中国旅游行业上市公司多元化研究的一个重要领域，也是整体中国上市公司多元化问题未来研究的重要方向。

（3）本书基于行为金融学理论对中国旅游行业上市公司多元化经营的问题进行相应的讨论与研究，主要是针对做出多元化决策或是会对多元化决策产生影响的相关因素进行分析的。但是需要指出的是，行为金融学是一个非常广泛的内容，其中所涉及的理论也非常多，但由于本书研究主题及研究内容的限制，很多行为金融学的相关理论与内容并没有能够全部涉及，例如，行为金融学理论中的前景理论、锚定理论等。那么企业在多元化经营的过程中，是否会在收益与风险之间进行权衡，从而根据前景理论中对于收益与风险的不同态度而决定多元化的经营策略？是否会因为行业中的其他企业进行多元化经营，而给自身限定一个锚定范围，要求自身企业也需要进行多元化经营？这些问题同样也应该是针对行为金融学，也针对多元化问题的进一步研究需要关注的问题。

参考文献

[1] 白雯. 基于修正Jones模型的旅游行业上市公司盈余管理分析 [J]. 金融经济, 2014 (20): 54-56.

[2] 蔡卫民, 熊翠. 旅游上市公司收益质量评价及其有效性研究 [J]. 旅游学刊, 2011, 27 (10): 36-42.

[3] 岑维, 童娜琼. 管理层过度自信、多元化经营和公司业绩 [J]. 当代经济管理, 2015, 37 (9): 14-19.

[4] 陈传明, 孙俊华. 企业家人口背景特征与多元化战略选择 [J]. 管理世界, 2008 (5): 124-133.

[5] 陈基香. 我国台湾地区乡村旅游发展对厦门的启示 [J]. 旅游纵览, 2014 (9): 135-136.

[6] 陈莉, 张卓. 中国上市公司多元化战略及其系统风险研究 [J]. 企业经济, 2005, 24 (2): 183-185.

[7] 陈立泰, 徐静. 多元化经营与现金持有水平——基于中国制造业上市公司的实证研究 [J]. 经济与管理研究, 2012 (2): 40-48.

[8] 陈仕华. 高管行为与多元化战略牵扯: 解析2003—2010年A股上市公司 [J]. 改革, 2012 (7): 51-55.

[9] 陈信元,黄俊.政府干预、多元化经营与公司业绩[J].管理世界,2007(1):92-97.

[10] 陈永生, 简洁. 基于证券投资的旅游上市公司价值分析 [J]. 旅游学刊, 2014, 29 (12): 22-31.

[11] 陈志军, 薛光红. 股权结构与企业集团多元化战略关系研究 [J]. 财贸研究, 2010 (5): 126-131.

［12］程露悬，黄福才．中国旅游类上市公司规模报酬研究［J］．旅游学刊，2010，25（2）：22－31．

［13］邓新明．我国民营企业政治关联、多元化战略与公司绩效［J］．南开管理评论，2011，14（4）：4－15．

［14］邓艳萍．推进“泛珠三角”区域旅游合作的策略探析［J］．求实，2006（5）：45－47．

［15］董奋义，程莉莉．旅游类上市公司股权结构与经营绩效关系实证分析［J］．中国管理科学，2014，22（S1）：357－361．

［16］窦璐．我国旅游上市公司规模经济与范围经济研究［J］．旅游学刊，2015，30（2）：13－23．

［17］杜兴强，冯文滔．女性高管、制度环境与慈善捐赠——基于中国资本市场的经验证据［J］．经济管理，2012，34（11）：53－63．

［18］段正梁，毕汝麦，危湘衡．多元化类型与旅游企业价值关系研究［J］．旅游学刊，2014，29（2）：36－45．

［19］段正梁，危湘衡．旅游企业多元化并购类型与长期绩效的关系——以2002—2008年中国旅游上市公司为例［J］．旅游学刊，2013，28（2）：86－93．

［20］段正梁，危湘衡，肖勤．旅游上市公司多元化发展特征的实证分析［J］．旅游科学，2013，27（4）：37－46．

［21］段正梁，周树雄．内生性视角下的多元化与旅游企业价值关系［J］．旅游学刊，2012，27（2）：62－71．

［22］冯栋，杜颜伟，李字庆．高管团队的社会资本与企业多元化战略决策——基于中国上市公司数据的实证研究［J］．东岳论丛，2011，32（5）：176－181．

［23］冯根福，吴林江．我国上市公司并购绩效的实证研究［J］．经济研究，2001（1）：54－61．

［24］高雷，罗洋，张杰．独立董事制度特征与公司绩效——基于中国上市公司的实证研究［J］．经济与管理研究，2007（3）：60－66．

［25］高英，袁少锋．基于市场竞争理论的企业多元化经营原因解释［J］．现代经济，

2007 (4): 103 - 104.

[26] 郭华. 我国旅游上市公司多元化经营战略的选择 [J]. 社会科学家, 2003 (4): 80 - 84.

[27] 郭岚, 张勇, 李志娟. 基于因子分析与 DEA 方法的旅游上市公司效率评价 [J]. 管理学报, 2008, 5 (2): 258 - 262.

[28] 耿松涛. 中国旅游上市公司全要素生产率研究 [J]. 南京社会科学, 2012 (5): 15 - 21.

[29] 关健, 李伟斌. 所有制、市场化程度与企业多元化 [J]. 中央财经大学学报, 2011 (8): 70 - 74.

[30] 韩忠雪, 周婷婷. 高管激励、过度投资与公司多元化折价 [J]. 证券市场导报, 2009 (4): 51 - 57.

[31] 韩忠雪, 朱荣林, 王宁. 股权结构、代理问题与公司多元化折价 [J]. 当代经济科学, 2006, 28 (5): 52 - 58.

[32] 何威风, 刘启亮. 我国上市公司高管背景特征与财务重述行为研究 [J]. 管理世界, 2010 (7): 144 - 155.

[33] 何艳琳. 台湾地区休闲农业与乡村旅游成功经验的启示 [J]. 北京农业, 2013 (27): 228 - 229.

[34] 贺远琼, 杨文. 高管团队特征与企业多元化战略关系的 Meta 分析 [J]. 管理学报, 2010, 7 (7): 91 - 97.

[35] 洪道麟, 刘力, 熊德华. 多元化并购、企业长期绩效损失及其选择动因 [J]. 经济科学, 2006 (5): 63 - 73.

[36] 洪道麟, 王辉. 多元化与企业价值: 一个文献综述 [J]. 浙江社会科学, 2009 (4): 105 - 113.

[37] 洪道麟, 熊德华. 中国上市公司多元化与企业绩效分析——基于内生性的考察 [J]. 金融研究, 2006 (11): 33 - 43.

[38] 胡旭阳, 史晋川. 民营企业的政治资源与民营企业多元化投资——以中国民营企业 500 强为例 [J]. 中国工业经济, 2008 (4): 5 - 14.

[39] 黄海波，李树茁．公司治理与多元化经营［J］．经济与管理研究，2007（6）：70－76.

[40] 黄海玉，黄文涛．我国旅游上市公司多元化经营绩效分析［J］．江西财经大学学报，2011（3）：44－51.

[41] 金晓斌，陈代云，路颖，等．公司特质、市场激励与上市公司多元化经营［J］．经济研究，2002（9）：67－73.

[42] 金雪军，张学勇．中国典型旅游上市公司业绩与区域经济的关系［J］．地理学刊，2005，60（6）：911－918.

[43] 康丽．我国旅游业上市公司股权结构与代理成本关系的实证研究［D］．海南：海南大学，2013.

[44] 柯显东．美国旅游业发展状况［EB/OL］．国际人才交流网，http：//www.wetalent.com/.

[45] 雷辉，刘鹏．中小企业高管团队特征对技术创新的影响——基于所有权性质视角［J］．中南财经政法大学学报，2013（4）：149－156.

[46] 李彬，谷慧敏，高伟．制度压力如何影响企业社会责任：基于旅游企业的实证研究［J］．南开管理评论，2011，14（6）：67－75.

[47] 李彬，张俊瑞，郭慧婷．会计弹性与真实活动操控的盈余管理关系研究［J］．管理评论，2009，21（6）：99－107.

[48] 李冬妍，张雯，于富生，等．我国企业多元化经营与降低企业风险研究——来自我国上市公司的经验证据［J］．河北经贸大学学报，2009，30（2）：67－73.

[49] 李洪雄．民族区域文化产业可持续发展策略研究——德国北威州文化产业发展的经验借鉴［J］．吉首大学学报（社会科学版），2011，32（2）：154－156.

[50] 李捷瑜，江舒韵．市场价值、生产效率与上市公司多元化经营：理论与证据［J］．经济学（季刊），2009，8（3）：1047－1064.

[51] 李瑞霞．再谈泰国旅游业的发展及其启示［J］．东南亚，2006（1）：53－56.

[52] 李武武，王晶．旅游企业社会责任与经营效益的相关性研究［J］．旅游学刊，2013，28（3）：47－51.

[53] 连兵，徐晓莉．上市公司高管年龄、性别与企业绩效的关系研究 [J]．商，2015 (6)：54 –55.

[54] 梁博．多元化经营与企业绩效——基于代理成本的分析 [J]．财会通讯，2013 (9)：81 –83.

[55] 林文超．台湾休闲农业旅游发展对海南的启示 [J]．改革与开发，2011 (14)：133 –134.

[56] 林晓辉，刘湘玫．公司治理结构与多元化经营 [J]．税务与经济，2008 (2)：23 –29.

[57] 林晓辉，吴世农．关于多元化经营战略与公司绩效关系的实证分析 [J]．证券市场导报，2008 (11)：67 –75.

[58] 林毅夫，李志赟．政策性负担、道德风险与预算软约束 [J]．经济研究，2004 (2)：17 –27.

[59] 凌强．日本政府主导型旅游发展模式及其政策措施与成效 [J]．世界地理研究，2008，17 (3)：150 –157.

[60] 刘海英，王素洁．旅游行业上市公司多元化经营与公司价值实证检验 [J]．北京第二外国语学院学报，2007 (5)：57 –61.

[61] 刘力．多元化经营及其对企业价值的影响 [J]．经济科学，1997 (3)：68 –74.

[62] 刘思婧，马骏，李国旗．物流业务经营多元化与企业绩效——基于 2003—2012 年中国物流上市公司的数据分析 [J]．工业工程与管理，2015，20(2)：144 –151.

[63] 鲁海帆．高管团队内薪酬差距、合作需求与多元化战略 [J]．管理科学，2007，20 (4)：30 –37.

[64] 鲁倩，贾良定．高管团队人口统计学特征、权力与企业多元化战略 [J]．科学学与科学技术管理，2009，30 (5)：181 –187.

[65] 马洁．法国农业旅游的发展经验与启示 [J]．世界农业，2016 (4)：144 –147.

[66] 孟卫东，李桃，江成山．企业多元化战略与董事会关系的实证研究 [J]．生产力研究，2006 (12)：201 –202.

[67] 欧阳瑞，贺建风．多元化政府控制与经理人变更[J]．财会月刊，2010(2)：3 –5.

[68] 彭岚，王媛媛，罗璠. 多元化经营、资本结构与现金流量风险——以 A 股上市公司为例 [J]. 财会月刊，2016 (35)：26 - 31.

[69] 齐晓飞，关鑫. 两权偏离、终极股东属性与公司绩效——基于文献综述的视角 [J]. 首都经济贸易大学学报，2012 (1)：86 - 92.

[70] 秦拯，陈收，邹建军. 中国上市公司的多元化经营与公司治理结构 [J]. 管理学报，2004，1 (2)：134 - 138.

[71] 饶茜，唐柳，姜宇，等. 中国上市公司多元化经营与股权结构关系的实证研究 [J]. 经济管理，2004，26 (2)：82 - 88.

[72] 任竞斐，王西星. 水电上市公司多元化与企业绩效关系的实证 [J]. 企业管理，2009 (16)：183 - 184.

[73] 沈梁军. 企业股权结构、管理层激励与多元化战略——基于我国上市公司面板数据的实证研究 [J]. 浙江社会科学，2010 (5)：46 - 52.

[74] 盛明泉，张春强. 基于不同并购类型的企业并购价值效应研究 [J]. 商业经济与管理，2011 (9)：74 - 80.

[75] 石水平，周英顶，黄郡. 上市公司多元化经营战略与公司绩效实证研究 [J]. 南方经济，2006 (10)：81 - 95.

[76] 石晓燕，刘海英，许峰. 旅游上市公司自愿性信息披露与业绩相关性研究 [J]. 旅游科学，2012，26 (4)：26 - 38.

[77] 宋清华，宋一程，刘金玉. 多元化能降低银行风险吗——来自中国上市银行的经验证据 [J]. 财经理论与实践，2016，37 (9)：26 - 31.

[78] 苏冬蔚. 多元化经营与企业价值：我国上市公司多元化溢价的实证分析 [J]. 经济学（季刊），2005 (1)：135 - 158.

[79] 苏昕，刘昊龙. 多元化经营对企业绩效的影响——高管持股的调节作用 [J]. 经济问题，2017 (4)：100 - 107.

[80] 孙戈兵，贾宪洲，刘万利. CEO 兼职和公司治理对多元化行为的影响研究 [J]. 财经问题研究，2011 (11)：75 - 78.

[81] 谭劲松，李敏仪，黎文靖，等. 我国上市公司独立董事制度若干特征分析 [J].

管理世界，2009（9）：110－135.

[82] 王彩萍，徐红罡. 旅游企业多元化经营的经济后果分析［J］. 旅游学刊，2008，23（7）：18－22.

[83] 王迪，张红，张春晖，等. 旅游上市公司董事会治理对经营绩效的影响——基于非平衡面板数据的分析［J］. 旅游学刊，2014，29（11）：36－44.

[84] 王凤. 资本结构与公司绩效的相关性研究——来自中国旅游上市公司的经验数据［J］. 经济管理，2007，29（8）：16－21.

[85] 王福胜，宋海旭. 终极控制人、多元化战略与现金持有水平［J］. 管理世界，2012（7）：124－136.

[86] 王化成，胡国柳. 股权结构与企业投资多元化关系：理论与实证分析［J］. 会计研究，2005（8）：56－62.

[87] 王亮，刘敦虎，彭青峰，等. 多元化经营与企业风险关联研究［J］. 统计与决策，2009（20）：164－166.

[88] 王乔伟. 多元化经营的纺织类上市公司绩效研究［J］. 财政监督，2015（20）：32－34.

[89] 魏成龙，刘建莉. 我国商业银行的多元化经营分析［J］. 中国工业经济，2007（12）：85－93.

[90] 魏锋，陈丽蓉. 业务多元化、国际多元化与公司业绩［J］. 山西财经大学学报，2011，33（9）：83－89.

[91] 魏锋，孙晓铎. 多元化经营对公司风险的影响分析［J］. 证券市场导报，2008（6）：63－68.

[92] 魏锋，薛飞. 董事会制度安排、多元化经营与公司绩效［J］. 管理学报，2008，5（6）：862－870.

[93] 魏立群，刘忠明. 中国企业发展战略性人力资源管理的实证研究［J］. 科学学研究，2005，23（6）：816－819.

[94] 魏然. 多元化经营对企业财务风险影响实证分析［J］. 财会通讯，2013（2）：114－115.

[95] 吴琳萍. 旅游上市公司多元化战略实施效果的实证分析 [J]. 长春理工大学学报, 2014, 27 (1): 122 - 125.

[96] 吴国鼎, 张会丽. 多元化经营是否降低了企业的财务风险——来自中国上市公司的经验证据 [J]. 中央财经大学学报, 2015 (8): 94 - 101.

[97] 吴文锋, 吴冲锋, 刘晓薇. 中国民营上市公司高管的政府背景与公司价值 [J]. 经济研究, 2008 (7): 130 - 141.

[98] 向德伟. 运用"Z记分法"评价上市公司经营风险的实证研究 [J]. 会计研究, 2002 (11): 53 - 57.

[99] 邢丹丹, 张红, 张春晖. 我国旅游上市公司无形资产对经营绩效的贡献度研究 [J]. 旅游学刊, 2011, 26 (10): 43 - 49.

[100] 许陈生. 我国旅游上市公司的股权结构与技术效率 [J]. 旅游学刊, 2007, 22 (10): 34 - 39.

[101] 许辉春. 泛珠三角旅游合作空间演化机制及策略 [J]. 特区经济, 2012 (11): 34 - 36.

[102] 薛有志, 彭华伟, 李国栋. 执行董事、多元化程度与公司绩效的研究 [J]. 经济问题探索, 2010 (4): 62 - 68.

[103] 杨京波. 中国旅游类上市公司经营绩效影响因素研究——基于公司治理视角和非均衡面板数据的分析 [J]. 旅游科学, 2011, 25 (2): 73 - 84.

[104] 杨林, 杨倩. 高管团队结构差异性与企业并购关系实证研究 [J]. 科研管理, 2012, 33 (11): 57 - 67.

[105] 杨敏. 中国、瑞士旅游业之对比 [J]. 昆明大学学报, 2008, 19 (2): 38 - 42.

[106] 杨群. 德国发展会展业的经验启示 [J]. 特区经济, 2007 (12): 100 - 101.

[107] 姚俊, 吕源, 蓝海林. 我国上市公司多元化与经济绩效关系的实证研究 [J]. 管理世界, 2004 (11): 119 - 125.

[108] 依绍华. 旅游企业多元化经营的制约因素及应对策略 [J]. 财贸经济, 2006 (12): 104 - 106.

[109] 依绍华. 旅游企业多元化经营的实施策略[J]. 经济管理, 2007, 29(15): 73 - 75.

[110] 尹伯成，薛锋. 我国上市公司的股权结构与内部人控制［J］. 财经论丛，2001（6）：1-4.

[111] 于富生，张敏，姜付秀，等. 公司治理影响公司财务风险吗［J］. 会计研究，2008（10）：52-59.

[112] 余春芳. 公司多元化程度与管理成本关系探讨——基于家电行业上市公司的实证研究［J］. 现代商贸工业，2013（20）：21-22.

[113] 袁玲. 国有控股、多元化经营与公司价值［C］. 中国会计学会 2011 学术年会论文集，2011.

[114] 袁玲. 控股股东控制、多元化经营与盈余管理［J］. 中国注册会计师，2015（4）：42-48.

[115] 曾萍，邬绮虹. 女性参与高管团队对企业绩效的影响：回顾与展望［J］. 经济管理，2012，34（1）：190-199.

[116] 张彬. 旅游业上市公司资本结构影响因素实证研究［J］. 旅游学刊，2015，30（8）：107-114.

[117] 张翼，李习，许德昌. 代理问题、股权结构与公司多元化［J］. 经济科学，2005（3）：90-99.

[118] 张翼，刘巍，龚六堂. 中国上市公司多元化与公司业绩的实证研究［J］. 金融研究，2005（9）：122-136.

[119] 张红，张春晖. 旅游上市公司股权结构对经营绩效的影响——以成长性为调节变量［J］. 旅游科学，2012，26（3）：27-41.

[120] 张慧，周春梅. 我国旅游上市公司经营业绩的评价与比较——基于因子分析和聚类分析的综合研究［J］. 宏观经济研究，2012（3）：85-92.

[121] 张建民. 日本旅游产业发展研究［D］. 长春：吉林大学，2012.

[122] 张敏，黄继承. 政治关联、多元化与企业风险——来自我国证券市场的经营证据［J］. 管理世界，2009（7）：156-164.

[123] 张平. 高层管理团队异质性与企业绩效关系研究［J］. 管理评论，2006，18（5）：54-61.

[124] 张瑜，杨晓霞，向旭．托斯卡纳发展农业旅游的经验及对我国的启示［J］．重庆师范大学（自然科学版），2012，29（5）：83－88.

[125] 张运来,王储.旅游业上市公司多元化经营能够降低公司风险吗——基于2004—2012年A股上市公司数据的实证研究[J].旅游学刊,2014(11):25－36.

[126] 张运来，王储，王峰娟．旅游企业多元化类型与融资约束——基于2005—2013年A股旅游业上市公司数据的实证研究［J］．旅游科学，2016，30（3）：28－43.

[127] 赵景芬，戴蓬军．农业类上市公司多元化经营对绩效的影响研究［J］．农业技术经济，2013（12）：118－124.

[128] 赵阳，李连宾．德国工业旅游开发对黑龙江省的启示［J］．商业经济，2010（4）：9－10.

[129] 郑涛，邱明寰．民营企业家背景特征对公司多元化战略的影响［J］．西安石油大学学报（社会科学版），2013（3）：24－29.

[130] 周春波．投资战略、治理机制与旅游企业融资成本［J］．旅游学刊，2014，29（8）：50－61.

[131] 周春波，林璧属．中国景区类上市公司资本化率及其影响因素研究［J］．旅游学刊，2013，28（9）：34－42.

[132] 周春波，张成心．管理层权力、高管—员工薪酬差距与旅游企业绩效［J］．旅游学刊，2014，29（9）：101－111.

[133] 周春梅．旅游上市公司多元化投资与企业风险——经理人堑壕防御的调节效应［J］．财经问题研究，2015（3）：61－68.

[134] 周春生，赵端端．中国民营企业的财务风险实证研究［J］．中国软科学，2006（4）：130－135.

[135] 周泽将，胡琴，修宗峰．女性董事与经营多元化［J］．管理评论，2015，27（4）：132－143.

[136] 朱勃霖，王乃昂．全球化背景下瑞士旅游业的发展及启示［J］．宏观经济研究，2010（7）：71－72.

[137] 庄敏. 新形势下的香港旅游业发展［M］. 北京：社会科学文献出版社，2006.

[138] AGGRAWAL R A, JAFFE J F, MANDELKER G N. The Post – merger Performance of Acquiring Firms: A Re – examination of an Anomaly [J]. Journal of Finance, 1992, 47 (4): 1605 – 1621.

[139] AGGRAWAL R A, SAMWICK A. Why Do Managers Diversify Their Firms? Agency Reconsidered [J]. Journal of Finance, 2003, 58 (1): 71 – 118.

[140] AHN S, DENIS D J. Internal Capital Markets and Investment Policy: Evidence from Corporate Spinoffs [J]. Journal of Financial Economics, 2004, 71 (3): 489 – 516.

[141] AMIHUD Y, LEV B. Risk Reduction as A Managerial Motive for Conglomerate Mergers [J]. BELL Journal of Economics, 1981, 12 (2): 605 – 617.

[142] AMIT R, LIVNAT J. Diversification and the Risk – return Trade – off [J]. Academy of Management Journal, 1988, 31 (1): 154 – 166.

[143] ANDERSON R, BATES T, BIZJAK J, et al. Corporate Governance and Firm Diversification [J]. Financial Management, 2000, 29 (1): 5 – 22.

[144] BARTON S. Diversification Strategy and Systematic Risk Another Look [J]. Academy of Management Journal, 1988, 31 (1): 324 – 362.

[145] BENGTSSON L. Corporate Strategy in a Small Open Economy: Reducing Product Diversification while Increasing International Diversification [J]. European Management Journal, 2000, 18 (4): 444 – 453.

[146] BERGER P G, OFEK E. Diversification's Effect on Firm Value [J]. Journal of Financial Economics, 1995, 37 (4): 39 – 65.

[147] BODNAR G, TANGAND C, WEINTROP J. Both sides of Corporate Diversification: the Value Impacts of Geographic and Industrial Diversification [Z]. Working paper, Johns Hopkins University, 1999.

[148] BOWERMAN B L, O'CONNELL R T. Linear Statistical Model: An Applied Approach [M]. Boston: PWS – Kent Publishing, 1990.

[149] BYOUN S . How and When do Firms Adjust Their Capital Structures toward Targets [J]. The Journal of Finance, 2008, 63 (6): 3069 - 3096.

[150] CHANG S J , HONG J . How Much does the Business Group Matter in Korea [J]. Strategic Management Journal, 2002, 23 (3): 265 - 274.

[151] CHANG Y , THOMAS H . The Impact of Diversification Strategy on Risk - return Performance [J]. Strategic Management Journal, 1989, 10 (3): 271 - 284.

[152] CHATTERJEE S , WERNERFELT B . The Link between Resources and Type of Diversification: Theory and Evidence [J]. Strategic Management Journal, 1991, 12 (1): 33 - 48.

[153] CHRISTENSEN H K , MONTGOMERY C A . Corporate Economic Performance: Diversification Strategy Versus Market Structure [J]. Strategic Management Journal, 1981, 2 (4): 327 - 343.

[154] CLAESSENS S , DJANKOV S , FAN J , et al. The Separation of Ownership and Control in East Asian Corporations [J]. Journal of Financial Economics, 2000, 58 (5): 81 - 112.

[155] COMMENT R , JARRELL G . Corporate Focus and Stock Returns [J]. Journal of Financial Economics, 1995, 37 (1): 67 - 87.

[156] DENIS D J , DENIS D K , SARIN A . Agency Problems, Equity Ownership, and Corporate Diversification [J]. Journal of Finance, 1997, 52 (1): 135 - 160.

[157] EISENMANN T R. The Effects of CEO Equity Ownership and Firm Diversification on Risk Taking [J]. Strategy Manage, 2002, 23 (6): 513 - 34.

[158] FACCIO M , LARRY P H L . The Ultimate Ownership of Western European Corporations [J]. Journal of Financial Economics, 2002, 65 (3): 365 - 395.

[159] FAMA E F . Agency Problems and the Theory of the Firm [J]. Journal of Political Economy, 1980, 88 (2): 880 - 307.

[160] FAMA E F , JENSEN M C . Separation of Ownership and Control [J]. Journal of Law and Economics, 1983, 26 (2): 301 - 326.

[161] FAN J P H , LANG H P . The Measurement of Relatedness: An Application to Corporate Diversification [J]. Journal of Business, 2000, 73 (4): 629 -660.

[162] FRANCIS B B , HASAN I , SUN X . Political Connections and the Process of Going Public: Evidence from China [J]. Journal of International Money and Finance, 2009, 28 (4): 696 -719.

[163] GBBONS R , MURPHY K J . Optimal Incentive Contracts in the Presence of Career Concerns: Theory and Evidence [J]. Journal of Political Economy, 1992, 100 (2): 468 -505.

[164] GORT M . Diversification and Integration in American Industry [M]. Princeton: Princeton University Press, 1962.

[165] GUILLEN M F . Business Groups in Emerging Economies: A Resource - based View [J]. Academy of Management Journal, 2000, 43 (3): 362 -380.

[166] HAMBRICK D C , MASOM P A . Upper Echelons: The Organization as A Reflection of its Top Managers [J]. Academy of Management Review, 1984, 9 (2): 193 -106.

[167] HATFIELD D E , LIEBESKIND J P, OPLET T C . The Effects of Corporate Restructuring on Aggregate Industry Specialization [J]. Strategic Management Journal, 1996, 17 (1): 55 -72.

[168] HOSKISSON R E , HITT M A . Antecedents and Performance Outcomes of Diversification: A Review and Critique of Theoretical Perspectives [J]. Manage, 1990, 16 (2): 461 -509.

[169] JENSEN M C . Agency Costs of Free Cash Flow, Corporate Finance, and Takeovers [J]. American Economics Review, 1986, 76 (2): 135 -160.

[170] JENSEN M C . The Modern Industrial Revolution, Exit, and the Failure of Internal Control Systems [J]. Journal of Finance, 1993, 48 (3): 831 -880.

[171] JENSEN M C , MECKLING W . Theory of the Firm: Managerial Behavior, Agency Costs, and Ownership Structure [J]. Journal of Financial Economics, 1976, 3

(4): 305 - 360.

[172] JIRAPORN P , KIM Y S , MATHUR I . Does Corporate Diversification Exacerbate or Mitigate Earnings Management? An Empirical Analysis [J]. International Review of Financial Analysis, 2008, 17 (5): 1087 - 1109.

[173] KHANNA T , PALEPU K G . Why Focused Strategies may be Wrong for Emerging Markets [J]. Harvard Business Review, 1997, 75 (4): 41 - 51.

[174] KHWAJA A I , MIAN A . Do Lenders Favor Politically Connected Firms? Rent Provision in an Emerging Financial Market [J]. The Quarterly Journal of Economics, 2005, 120 (4): 1371 - 1411.

[175] KNIGHT D , PEARCE G , SMITH K G. Top Management Team Diversity Group Process and Strategic Consensus [J]. Strategic Management Journal, 1999, 20 (5): 445 - 465.

[176] KORNAI J . The Soft Budget Constraint [J]. Kyklos, 1986, 39 (1): 3 - 30.

[177] LANG L H P, STULZ R M . Tobin' s q, Corporate Diversification and Firm Performance [J]. Journal of Political Economy, 1994, 102 (6): 1248 - 1280.

[178] LEE J W , YATES J F , SHINOTSUKA H , et al. Cross - national Differences in Overconfidence [J] . Asian Journal of Psychology, 1995 (1): 63 - 69.

[179] LEE M J , JANG S . Market Diversification and Financial Performance and Stability: A Study of Hotel Companies [J]. International Journal of Hospitality Management, 2007, 26 (2): 362 - 375.

[180] LEWELLEN W G . A Pure Financial Rationale for the Conglomerate Merger [J]. Journal of Finance, 1971, 26 (2): 527 - 537.

[181] LI M F , WONG Y Y . Diversification and Economic Performance: An Empirical Assessment of Chinese Firms [J]. Asia Pacific Journal of Management, 2003, 20 (2): 243 - 265.

[182] LINS K V , SERVAES H . Is Corporate Diversification Beneficial in Emerging Markets [J]. Financial Management, 2002, 32 (2): 5 - 31.

[183] MACKIEMASON J K . Do Taxes Affect Corporate Financing Decisions [J]. The Journal of Finance, 1990, 45 (5): 1471 - 1493.

[184] MANSI S A , REEB D M . Corporate Diversification: What Gets Discounted [J]. Journal of Finance, 2002, 57 (5): 2167 - 2183.

[185] MATSUSAKA J . Corporate Diversification, Value Maximization and Organizational Capabilities [J]. Journal of Business, 2001, 74 (2): 409 - 431.

[186] MCCAIN B E , O' REILLY C , PFEFFER J . The Effects of Departmental Demography on Turnover: Case of a University [J]. Academy of Management Journal, 1983, 26 (4): 626 - 641.

[187] MONTGOMERY C A , SINGH H . Diversification Strategy and Systematic Risk [J]. Strategic Management Journal, 1984, 5 (2): 181 - 191.

[188] MYERSON R B . Optimal Coordination Mechanisms in Generalized Principle - agent Problems [J]. Journal of Mathematical Economics, 1982, 10 (1): 67 - 81.

[189] PALEPU K . Diversification Strategy Profit Performance and the Entropy Measure [J]. Strategic Management, 1985, 6 (3): 239 - 255.

[190] PENG W , WEI K C J . Women Executives and Corporate Investment: Evidence from the S&P 1500 [C]. The Finance Management Association Meetings, 2007.

[191] PENROSE E T . The Theory of the Growth of the Firm [M]. New York: Wiley, 1959.

[192] RAJAN R, SERVAES H , ZINGALES L . The Cost of Diversity: The Diversification Discount and Inefficient Investment [J] . Journal of Finance, 2000, 55 (1): 35 - 80.

[193] RICHARD O C , KIRBY S L , CHADWICK K . The Impact of Racial and Gender Diversity in Management on Financial Performance: How Participative Strategy Making Features can Unleash A Diversity Advantage [J]. The International Journal of Human Resource Management, 2013, 24 (13): 2571 - 2582.

[194] ROYCHOWDHURY S. Earnings Management through Real Activities Manipulation

[J]. Journal of Accounting and Economics, 2006, 42 (3): 335 - 370.

[195] RUMELT R P. Strategy, Structure and Economic Performance [M]. Cambridge: Harvard University Press, 1974.

[196] SANDERS W G, CARPENTER M A. Internationalization and Firm Governance: The Roles of CEO Compensation, Top Team Composition, and Board Structure [J]. Academy of Management Journal, 1998, 41 (2): 158 - 178.

[197] SHLEIFER A, VISHNY R. Managerial Entrenchment: The Case of Manager Specific Investments [J] . Journal of Financial Economics, 1989, 25 (1): 123 - 139.

[198] STULZ R M. Managerial Discretion and Optimal Financing Policies [J]. Journal of Financial Economics, 1990, 26 (1): 3 - 27.

[199] TIHANYI L, ELLSTRAND A E, DAILY C M, et al. Composition of the Top Management Team and Firm International Diversification [J]. Journal of Management, 2000, 26 (6): 1157 - 1167.

[200] TRICKER R. International Corporate Governance [M]. New Jersey: Prentice Hall, 1994.

[201] VILLALONGA B. Diversification Discount or Premium? New Evidence from the Business Information Tracking Series [J]. Journal of Finance, 2004, 59 (2): 479 - 506.

[202] WESTON J F. Diversification and Merger Trends [J]. Business Economics, 1970, 5 (1): 50 - 57.

[203] WIERSEMA M F, BANTEI K A. Top Management Team Demography and Corporate Strategic Change [J]. Academy of Management Journal, 1992, 35 (1): 91 - 121.

[204] WILLIAMS G. The Cost of Equity Capital and Risk of 28 U. S. Multinational Corporations vs. 28 U. S. Domestic Corporations: 1965—1978 [J]. Management International Review, 1988, 21 (3): 89 - 94.

[205] WRIGLEY L. Divisional Autonomy and Diversification [D]. Brighton: Harvard Business School, 1970.